Martin R. Textor

Bildungs- und Erziehungspartnerschaft
in Kindertageseinrichtungen

AF287482

Martin R. Textor

Bildungs- und Erziehungspartnerschaft in Kindertageseinrichtungen

Books on Demand

Herstellung und Verlag: BoD – Books on Demand, Norderstedt

Alle Rechte vorbehalten – Printed in Germany

3., aktualisierte Aufl. 2020

© Martin R. Textor, www.martin-textor.de

Umschlagfoto: © Pavel Losevsky – Fotolia.com

ISBN 978-3-8423-6629-9

Inhalt

Vorwort

Liebe Leserinnen und Leser,

Kindertageseinrichtungen sind die ersten öffentlichen Institutionen, mit denen alle jungen Familien in Kontakt kommen. Hier erwarten Eltern neben einer guten Betreuung, Erziehung und Bildung ihres Kindes auch zunehmend Partizipationsmöglichkeiten, Unterstützung bei der Familienerziehung und Beratung bei Problemen. Damit kommt der Elternarbeit der Erzieher/innen eine immer größer werdende Bedeutung zu. Dies wird auch in den meisten Bildungsplänen der Bundesländer offensichtlich, die der Elternarbeit einen hohen Stellenwert beimessen. In vielen dieser Pläne – und in den meisten aktuellen Fachpublikationen – wird aber gefordert, dass „die Arbeit an den Eltern" (im Sinne einer Dienstleistung) durch eine gleichberechtigte Zusammenarbeit von Erzieher/innen und Eltern ersetzt werden solle – im Sinne einer *Bildungs- und Erziehungspartnerschaft*.

Nach ausführlichen Recherchen in den Datenbanken des Fachportals Pädagogik (http://www.fachportal-paedagogik.de) kann ich wohl sagen, dass ich die Begriffe „Erziehungspartnerschaft" und „Bildungspartnerschaft" in die *elementarpädagogische* Literatur eingeführt habe. Der renommierte Professor Wolfgang Brezinka benutzte 1988 zum ersten Mal den Begriff „Erziehungspartnerschaft" in einer schulpädagogischen Publikation. Sieben Jahre später verwendete ich dieses Wort erstmalig in einer frühpädagogischen Veröffentlichung (Textor 1995, S. 14), ohne von Brezinka zu wissen. Ein Jahr später wählten Brigitte Blank und ich den Begriff für den Titel der Broschüre „Eltern*mit*arbeit – auf dem Wege zur Erziehungspartnerschaft" aus (Textor/Blank 1996), die an alle Kindertageseinrichtungen in Bayern verteilt wurde und bis ca. 2010 auf der Website des Bayerischen Sozialministeriums abgerufen werden konnte. Leider kann ich nicht mehr nachvollziehen, wie ich damals auf diesen Begriff gekommen bin. Das Wort „Bildungspartnerschaft" benutzte ich 2002 zum ersten Mal bei einer Internetveröffentlichung (Textor 2002). Beide Begriffe verbreiteten sich dann schnell in der Elementarpädagogik.

Auf die Darstellung der Bildungs- und Erziehungspartnerschaft in den Bildungsplänen der Bundesländer wird im ersten Kapitel des vorliegenden Buches eingegangen. Die bislang in den Tageseinrichtungen angewandten Formen der Bildungs- und Erziehungspartnerschaft bilden einen weiteren Schwerpunkt. Ferner werden die Gesprächsführung mit Eltern, ihre Beratung und das Erschließen von Hilfsangeboten thematisiert. Zusätzlich werden innovative Ansätze der Bildungs- und Erziehungspartnerschaft wie die verstärkte Einbindung von Eltern in Bildungsangebote und Projekte dargestellt. Schließlich wird auf die Partizipation von Eltern eingegangen – und auf die Erziehungspartnerschaft mit Migrantenfamilien, die mit besonderen Herausforderungen verbunden ist.

Es wünscht Ihnen eine interessante Lektüre und hofft, dass dieses Buch zu einer guten Bildungs- und Erziehungspartnerschaft zwischen Erzieher/innen und Eltern und zur Stärkung von Familien beitragen wird

Ihr

Martin R. Textor

Erziehungspartnerschaft aus Perspektive der Bildungspläne

Seit mehr als einem Jahrzehnt findet (wieder) eine intensive öffentliche Debatte über die Leistungsfähigkeit und Qualität unseres Bildungssystems statt. Sie wurde ausgelöst zum einen durch die Delphi-Befragungen, das „Forum Bildung" der Bundesregierung und andere Gremien, die sich z.B. mit dem Entstehen der Wissensgesellschaft, dem zunehmenden Wettbewerbsdruck aufgrund der Globalisierung und dem daraus resultierenden Bedarf an hoch qualifizierten Fachleuten befassten. Zum anderen machten internationale Vergleichsuntersuchungen wie z.B. die OECD-, IGLU- und PISA-Studien deutlich, dass Kinder in der Bundesrepublik Deutschland eine schlechtere Schulbildung als in anderen Ländern erhalten und dass sie in Kindertageseinrichtungen weniger intensiv gefördert werden.

Zugleich verwiesen neuere Erkenntnisse aus Hirnforschung und Entwicklungspsychologie darauf, dass in der frühen Kindheit die für den späteren Schul- und Berufserfolg notwendigen emotionalen, sozialen und kognitiven Grundlagen gelegt werden. So wurde deutlich, dass die Bildungsbemühungen vor allem im Elementarbereich verstärkt werden müssen: Kindertageseinrichtungen haben einen Bildungsauftrag und sollten diesem mehr, umfassender und qualitativ besser nachkommen als bisher.

In allen Bundesländern wurden dann relativ schnell die entsprechenden Anforderungen an die Erzieher/innen in Bildungs- und Erziehungsplänen niedergelegt. Diese werden auch bezeichnet als Bildungsprogramm, Grundsätze elementarer Bildung, Orientierungsplan, Bildungs- (und Erziehungs-) Empfehlungen, Leitlinien, Bildungsvereinbarung oder Rahmenplan. Die Bildungspläne – so werde ich diese Publikationen im Folgenden nennen – wurden von den zuständigen Ministerien der Bundesländer verabschiedet. Obwohl sie nicht so verbindlich wie die Lehrpläne von Schulen sind, kommt ihnen eine große Bedeutung zu: Sie sind letztlich staatlich genehmigte Leitlinien für die pädagogische Arbeit in Kindertageseinrichtungen. Dementsprechend sind auch die Aussagen zur Erziehungspartnerschaft, die sich in den Bildungsplänen befinden, von hoher Relevanz – zumal sie im Vergleich zu den bundes- und landesgesetzlichen Regelungen zum Teil recht ausführlich und praxisnah sind. Deshalb wurden sie als Grundlage für dieses Kapitel über die Bedeutung, die Ziele und Aufgaben der Erziehungspartnerschaft genommen.

Die Bildungspläne der Bundesländer sind unterschiedlich lang; sie umfassen zwischen einigen Dutzend und rund 500 Seiten. Dementsprechend nimmt auch die Erziehungspartnerschaft in Kindertageseinrichtungen unterschiedlich viel Platz in den Bildungsplänen ein. Vereinzelt wird dieses Arbeitsfeld nur kursorisch gestreift; ansonsten wird ihm zwischen einer und mehr als 10 Seiten gewidmet.

Zumeist wird in den Bildungsplänen nun der neue Begriff „Erziehungspartnerschaft" – oft gekoppelt mit „Bildungspartnerschaft" – anstatt bzw. neben der „alten" Bezeichnung „Elternarbeit" verwendet. Damit ist eine Art Paradigmenwechsel impliziert: weg von der nur von der Seite der Erzieher/innen aus definierten „Arbeit *an* Eltern" (mit den Eltern als „Konsumenten" von Dienstleistungen) und hin zur *Zusammenarbeit als gleichwertige und gleichberechtigte Partner* bei der Erziehung und Bildung des jeweiligen Kindes.

Leitgedanken

In mehreren Bildungsplänen wird zunächst betont, dass die Familie die primäre bzw. wichtigste Sozialisationsinstanz ist und entscheidende Grundlagen für die Entwicklung der Kinder legt: „Erfahrungen, die das Kind in der Familie macht, bestimmen wesentlich seine Entwicklung und damit auch seinen späteren Bildungserfolg mit. Im Zusammenleben in der Familie finden grundlegende Bildungsprozesse statt, die entscheidenden Einfluss auf die Entfaltung und (Weiter-) Entwicklung der Fähigkeiten und Kompetenzen eines Kindes haben. Darüber hinaus treffen Eltern wichtige Entscheidungen über den jeweiligen Bildungsverlauf ihres Kindes, zum Beispiel bei der Wahl der Bildungsinstitutionen oder indem sie sich an der Bildungsarbeit in den entsprechenden Institutionen aktiv beteiligen oder nicht. Eltern sind in der Regel die ersten und wichtigsten Bezugs- und Bindungspersonen für ihre Kinder und damit wesentliche Bildungspartner. Ihr Wissen und ihre Kenntnis über ihr Kind bedeuten für Fach- und Lehrkräfte einen wichtigen Beitrag, um dem jeweiligen Kind anknüpfende, lebensnahe Erfahrungen und Bildungsprozesse in Kindertageseinrichtungen, Kindertagespflege und Schule zu ermöglichen. Auch eine ganztägige Betreuung – in Kindertagespflege, Kindertageseinrichtung oder Offener Ganztagsschule – verringert nicht die Verantwortung der Eltern, ihren elterlichen Einfluss und die familiäre Prägung. Eltern sind die ‚natürlichen' Erzieherinnen und Erzieher. Sie sind die ersten Bezugspersonen des Kindes; ihr Verhalten und ihre Einstellungen sind Vorbild, prägen das Weltbild des Kindes maßgeblich und erhalten dadurch großes pädagogisches Gewicht" (Ministerium für Familie, Kinder, Jugend, Kultur und Sport des Landes Nordrhein-Westfalen/Ministerium für Schule und Weiterbildung des Landes Nordrhein-Westfalen 2016, S. 61 f.).

Insbesondere in den ersten Lebensjahren ist die Familie die „Basis für Selbstbildungsprozesse der Kinder", die ihnen „erste Fenster zur Welt" eröffnet (Ministerium für Soziales, Gesundheit, Familie und Gleichstellung des Landes Schleswig-Holstein 2012, S. 55). „Kinder erwerben in ihrer Familie Kompetenzen und Einstellungen, die für das ganze weitere Leben bedeutsam sind. Der Erwerb solcher Kompetenzen in der Familie bestimmt zu einem erheblichen Teil den Erfolg in Schule und Beruf" (Hessisches Ministerium für Soziales und Integration/Hessisches Kultusministerium 2014, S. 108).

Erzieher/innen sollten die familiale Lebenswelt des jeweiligen Kindes kennen, denn: „Die Kindertagesstätte als erste Einrichtung öffentlicher Erziehung und Bildung knüpft an die Erfahrungen des Kindes in seiner Familie an und erweitert diesen Erfahrungshorizont. Oft betritt das Kind in der Tageseinrichtung erstmals einen Lebensraum außerhalb seines familiären Umfelds. Dabei muss das Kind die Chance haben, seine bisher in der Familie erworbenen Fähigkeiten in die Kindertagesstätte mit einbringen zu können. Die familiäre Welt ist seine Basis, von der aus sich das Kind Neues aneignen kann oder sich diesem eher verschließt" (Niedersächsisches Kultusministerium 2018, S. 41). Zugleich ist dies die Grundlage, auf der die institutionelle Bildungsarbeit aufbauen muss.

Die Familie als private und die Kindertageseinrichtung als öffentliche Institution für Erziehung und Bildung sind also von Anfang an aufeinander bezogen und durch die kontinuierliche wechselseitige Beeinflussung eng miteinander verbunden. Deshalb ist es laut den

Bildungsplänen unabdingbar, dass sie miteinander kooperieren und gemeinsam den Entwicklungsprozess der Kinder begleiten und gestalten.

So ist es sinnvoll, nach einem gleichberechtigten und partnerschaftlichen Verhältnis zu trachten. „Anzustreben ist eine Erziehungspartnerschaft, bei der sich Familie und Kindertageseinrichtung füreinander öffnen, ihre Erziehungsvorstellungen austauschen und zum Wohl der ihnen anvertrauten Kinder kooperieren. Sie erkennen die Bedeutung der jeweils anderen Lebenswelt für das Kind an und teilen ihre gemeinsame Verantwortung für die Erziehung des Kindes. Bei einer partnerschaftlichen Zusammenarbeit von Fachkräften und Eltern findet das Kind ideale Entwicklungsbedingungen vor: Es erlebt, dass Familie und Tageseinrichtung eine positive Einstellung zueinander haben und (viel) voneinander wissen, dass beide Seiten gleichermaßen an seinem Wohl interessiert sind, sich ergänzen und einander wechselseitig bereichern. Diese Erziehungspartnerschaft ist auszubauen zu einer Bildungspartnerschaft. Wie die Erziehung soll auch die Bildung zur gemeinsamen Aufgabe werden, die von beiden Seiten verantwortet wird. Wenn Eltern eingeladen werden, ihr Wissen, ihre Kompetenzen oder ihre Interessen in die Kindertageseinrichtung einzubringen, erweitert sich das Bildungsangebot. Wenn Eltern mit Kindern diskutieren, in Kleingruppen oder Einzelgesprächen, bringen sie andere Sichtweisen und Bildungsperspektiven ein. Wenn Eltern Lerninhalte zu Hause aufgreifen und vertiefen, wird sich dies auf die Entwicklung des Kindes positiv und nachhaltig auswirken" (Bayerisches Staatsministerium für Arbeit und Sozialordnung, Familie und Frauen/Staatsinstitut für Frühpädagogik München 2012, S. 426).

„Eine gelingende Zusammenarbeit zwischen Eltern bzw. Familie und professionell pädagogisch Tätigen basiert auf drei wesentlichen Komponenten: auf Vertrauen, auf Respekt und auf gemeinsamen Zielen. Vertrauen und Respekt sind einerseits Voraussetzungen und andererseits Ergebnisse von Zusammenarbeit" (Thüringer Ministerium für Bildung, Jugend und Sport 2015, S. 356).

Erzieher/innen sind aber auch kraft Gesetzes verpflichtet, mit den Eltern zu kooperieren und sie an Entscheidungen in wesentlichen Angelegenheiten der Erziehung, Bildung und Betreuung zu beteiligen. In Bildungsplänen wird hier immer wieder auf § 22a Abs. 2 SGB VIII und auf entsprechende landesrechtliche Bestimmungen verwiesen. Hinzu kommt, dass Kindertagesstätten – bezogen auf das einzelne Kind – kein „eigenes" Erziehungsrecht haben, sondern dass dieses ihnen von den Eltern per (Betreuungs-) Vertrag übertragen wird. Daraus resultiert ebenfalls eine Verpflichtung zur Kooperation.

In manchen Bildungsplänen wird die Sicherstellung einer hohen Qualität der Bildungs- und Erziehungspartnerschaft verlangt, indem beispielsweise Qualitätsansprüche und -kriterien aufgelistet werden (z.B. Senatsverwaltung für Bildung, Jugend und Wissenschaft 2014, S. 53). Ferner wird auf die diesbezügliche Mitverantwortung der Träger und der Fachberatung verwiesen: „Zur Verantwortung der Träger gehört es, dem pädagogischen Personal ein ausreichendes Zeitbudget und entsprechende Fortbildungsmöglichkeiten für die gute Kooperationsqualität mit Eltern zu gewähren. Die Qualität der Kooperation mit Eltern ist durch geeignete Verfahren regelmäßig zu überprüfen, sodass eventuell notwendige Maßnahmen eingeleitet werden können (...) oder die Qualifikation der Fachkräfte verbessert werden kann (z.B. durch Fortbildung, Fachberatung oder Supervision)" (Bayerisches Staatsministerium für Arbeit und Sozialordnung, Familie und Frauen/ Staatsinstitut für Frühpädagogik München 2012, S. 431).

Ferner werden eine Situations- und Bedarfsanalyse sowie eine genaue Planung seitens der Erzieher/innen verlangt, damit sichergestellt ist, dass die Angebote der jeweiligen Kindertagesstätte möglichst genau den Bedürfnissen und Interessen ihrer Elternschaft entsprechen. Außerdem benötigt die Zusammenarbeit Zeit, gemeinsame Anstrengung und Gelegenheiten zur kontinuierlichen Reflexion.

Als Voraussetzungen auf Seiten der Erzieher/innen, die zum Entstehen einer Bildungs- und Erziehungspartnerschaft beitragen würden, werden in den Bildungsplänen z.B. eine vertrauensvolle und wertschätzende Haltung gegenüber *allen* Eltern, die Akzeptanz unterschiedlicher Lebensentwürfe und „Kulturen" von Familien, die Anerkennung der elterlichen Lebenserfahrung und Erziehungskompetenz, die Berücksichtigung der Interessen und Bedürfnisse der Eltern sowie die Bereitschaft zur kritischen Auseinandersetzung miteinander genannt. „Für den Aufbau und Erhalt einer Bildungs-

und Erziehungspartnerschaft sind insbesondere soziale Kompetenzen erforderlich, die die innere Haltung der Fachkraft widerspiegeln:

- Positive Grundhaltung allen Menschen gegenüber,
- Respekt vor dem Erziehungsbemühen der Eltern,
- Kind so annehmen wie es ist,
- Zuerkennung des Rechts auf Anderssein der Eltern,
- Auseinandersetzung statt Abwertung,
- Selbstreflexion und
- Fähigkeit zum Aufbau positiver Beziehungen"

(Ministerium für Bildung, Wissenschaft und Kultur Mecklenburg-Vorpommern 2011, S. E7). Aber auch die Eltern müssen für eine Kooperation offen sein und Vertrauen in die Erzieher/innen haben. Letztlich ist es aber Aufgabe der Fachkräfte, die ersten Schritte zu tun, also die Bildungs- und Erziehungspartnerschaft zu initiieren und voranzutreiben. Sie müssen die Eltern aktiv zur Begegnung und Partizipation einladen.

Selbst wenn Erzieher/innen auf Schwierigkeiten stoßen, sollten sie die Bildungs- und Erziehungspartnerschaft mit den Eltern vorantreiben, denn diese „ist die Grundlage für eine auf Dauer angelegte konstruktive, partnerschaftliche Bildungs- und Erziehungsarbeit mit dem Kind. Gegenseitiges Vertrauen zwischen Eltern einerseits und Erzieherinnen und Erziehern andererseits wirken sich vorteilhaft auf die pädagogische Arbeit mit den Kindern in den Kindertageseinrichtungen aus. Erziehungs- und Bildungspartnerschaften sind als grundlegende Elemente der pädagogischen Arbeit im Rahmen der Betreuung, Bildung und Erziehung der Kinder zu verstehen. Erziehungs- und Bildungspartnerschaft beschreibt einen gemeinsamen Auftrag mit dem Ziel, Methoden und Lösungsansätze zu entwickeln, die den persönlichen Entwicklungsprozess des Kindes aufzeigen und festschreiben" (Rheinland-Pfalz. Ministerium für Bildung 2018, S. 124).

Nur in der Zusammenarbeit mit den Eltern können die Bedürfnisse des jeweiligen Kindes, seine reale Lebenswelt und momentane Situation vollständig erfasst und dann seitens der Erzieher/innen bei seiner Betreuung, Erziehung und Bildung berücksichtigt werden.

Transparenz der pädagogischen Arbeit

In den meisten Bildungsplänen wird als ein wichtiges Ziel der Bildungs- und Erziehungspartnerschaft ein guter Informationsfluss von der Kindertageseinrichtung hin zur Familie genannt. „Die gezielte Information der Eltern über alle Themen der Einrichtung stellt eine der wichtigsten Grundlagen für eine vertrauensvolle Zusammenarbeit zwischen Einrichtung und Eltern dar. Einrichtungsleitung, Team und Elternausschuss müssen im natürlichen Spannungsfeld zwischen engagierten und nicht engagierten Eltern im täglichen Ablauf die richtige Form finden, die sicherstellt, dass alle Eltern oder Elterngruppen die für sie wichtigen Informationen erhalten" (Rheinland-Pfalz. Ministerium für Bildung 2018, S. 125). Dies kann beispielsweise durch schriftliche Materialien wie die Konzeption und das pädagogische Konzept der Kindertagesstätte geschehen, wobei in „einer Einrichtung mit hohem Anteil an Migrantenkindern ... eine Übersetzung in die jeweilige Landessprache hilfreich" ist (a.a.O., S. 126).

Wichtige Informationen für Eltern können sich z.B. auf besondere Betreuungs- und Bildungsangebote, inhaltliche Schwerpunkte der pädagogischen Arbeit, aktuelle Projekte, Gelegenheiten zur Hospitation, Ausleihmöglichkeiten, Elternmitwirkung oder anstehende Veränderungen (bauliche Maßnahmen, längere Erkrankung einer Mitarbeiterin, Vertretungsregelung, neue Öffnungszeiten usw.) beziehen. Sie können schriftlich in der Form von Aushängen und Elternbriefen oder mündlich bei Veranstaltungen oder Tür- und Angel-Gesprächen übermittelt werden.

In manchen Bildungsplänen wird betont, dass Transparenz der pädagogischen Arbeit über die bloße Information herausgehe: „Eltern wollen Einblicke in den Alltag der Tageseinrichtung bekommen" (Sachsen-Anhalt. Ministerium für Arbeit und Soziales 2014, S. 55) – möglichst schon vor Aufnahme ihres Kindes (z.B. durch Schnuppertage, Hospitationen oder Spielnachmittage). Aber auch später solle Eltern Gelegenheiten zum „persönlichen Erleben" des Alltags in der Kindertagesstätte geboten werden (Saarland. Ministerium für Bildung, Kultur und Wissenschaft 2007, S. 164). Zusätzlich wird eine „ansprechende Dokumentation" gefordert.

Elterngespräche

Der Informationsfluss kann bei der geforderten Bildungs- und Erziehungspartnerschaft natürlich nicht nur einseitig von der Kindertageseinrichtung zur Familie hin verlaufen. So wird in den Bildungsplänen ein offener Gesprächsaustausch zwischen beiden Seiten verlangt. Er beginnt mit Tür- und Angel-Gesprächen, die für Erzieher/innen selbstverständliche, spontane und durchaus wertvolle Kontaktmöglichkeiten sind. Besonders wichtig sind laut den Bildungsplänen längere (Termin-) Gespräche, bei denen z.B.

- die Bedürfnisse der Kinder und ihrer Familien zu besprechen sind, da sich das Angebot daran pädagogisch und organisatorisch orientieren soll (§ 22a Abs. 3 SGB VIII).
- die Erwartungen und Wünsche der Eltern an die Erzieher/innen hinsichtlich der Bildung, Erziehung und Betreuung ihres Kindes sowie die Erwartungen und Wünsche der Fachkräfte an die Familien diskutiert werden. Dabei sind unterschiedliche kulturspezifische Hintergründe zu beachten.
- Eltern und Erzieher/innen sich in die Vorstellungen und Handlungen der Kinder hineindenken, die Neugier und den Entdeckerdrang der Kinder nachvollziehen und sie in ihrer Welt zu verstehen versuchen. Divergierende Wahrnehmungen des Kindes werden ausdiskutiert.
- die Erfahrungen mit dem Kind ausgetauscht und dessen Interessen, Fähigkeiten, Stärken und Entwicklungspotenziale erfasst werden. Die „Eltern bringen in die Gespräche ihre Beobachtungen und Deutungen aus dem Alltag der Familie ein – hierfür sind sie die Expertinnen und Experten" (Freie und Hansestadt Hamburg. Behörde für Arbeit, Soziales, Familie und Integration 2012, S. 49). Die Erzieher/innen berichten über den Entwicklungsstand des Kindes anhand systematischer Beobachtungen und deren Dokumentation, unter Verwendung von Portfolios bzw. Lerngeschichten oder anhand von (Sprach-) Testergebnissen. „Durch die Reflexion und den Austausch der Beobachtungsergebnisse ... entsteht ein mehrperspektivisches Bild, das einseitige Sichtweisen korri-

giert" (Baden-Württemberg. Ministerium für Kultus, Jugend und Sport 2011, S. 19). Dabei werden Entwicklungsfortschritte des jeweiligen Kindes deutlich, aber auch Rückstände.

- erreichbare Erziehungs- und Bildungsziele für das jeweilige Kind bestimmt werden: „Dabei können Erzieher/innen, Mütter und Väter Aufgaben gemeinsam festlegen, die sie zwar getrennt voneinander erfüllen, aber dennoch im Sinne eines oder mehrerer realistischer Ziele verfolgen. Erfolge stellen sich in allen Abschnitten des langwierigen Prozesses ein, nicht erst am Ende" (Sächsisches Staatsministerium für Kultus 2011, S. 158). Eine gemeinsame Bildungsbegleitung des Kindes wird möglich: Eltern und Erzieher/innen bemühen sich hinsichtlich des jeweiligen Kindes, „gemeinsame Unterstützungsmöglichkeiten für seinen individuellen Bildungsplan zu finden" (a.a.O., S. 159).

- den Eltern Bildungskonzepte nahe gebracht werden und mit ihnen über die Themen gesprochen wird, die an die Kinder herangetragen werden. „Der gemeinsame Diskurs von Eltern und Erzieherinnen über Ziele und Inhalte von pädagogischer Arbeit dient so der Unterstützung von Bildungsprozessen der Kinder und beinhaltet wichtige Elemente von Elternbildung" (Saarland. Ministerium für Bildung, Kultur und Wissenschaft 2007, S. 160). Zugleich können aber auch die Elternsichtweisen und Interessen in die pädagogische Arbeit einbezogen werden.

- Erziehungsfragen der Eltern diskutiert werden und ihre Erziehungskompetenz gestärkt und unterstützt wird. Zugleich werden sie für die große Bedeutung der Qualität ihrer Partnerschaft und des Familienlebens hinsichtlich einer positiven Entwicklung ihres Kindes sensibilisiert.

- Rückmeldungen der Eltern zum Angebot und zur pädagogischen Arbeit der Kindertageseinrichtung eingeholt und eventuelle Beschwerden ausdiskutiert werden.

In mehreren Bildungsplänen wird gefordert, dass Entwicklungsgespräche im halbjährlichen Rhythmus erfolgen sollen. In anderen wird von „mindestens einmal jährlich" geschrieben oder davon, dass die Häufigkeit der Besprechungen von Elternausschuss und Einrichtungsleitung festgelegt und in die Konzeption aufgenommen werden soll. Je jünger die Kinder sind, umso mehr Elterngespräche sollten stattfinden, sodass der in den ersten Lebensjahren besonders schnelle Entwicklungsverlauf immer wieder gemeinsam reflektiert werden kann.

Darüber hinaus sind seitens der Kindertageseinrichtung aber auch Beratung, Kriseninterventionsgespräche und Hilfsangebote zu erbringen, wenn das Wohl des jeweiligen Kindes gefährdet ist, die Eltern (Erziehungs-) Probleme haben oder die Lebensbedingungen der Familie belastend sind.

Insbesondere bei (Verdacht auf) Lern- und Verhaltensstörungen, Sprachauffälligkeiten, Entwicklungsverzögerungen oder (drohenden) Behinderungen sind Beratungsgespräche unverzichtbar. „Eltern von Kindern mit Beeinträchtigungen sind auf dem Hintergrund ihrer vielfältigen Erfahrungen in besonderer Weise Experten für die Situation ihres Kindes. Der Austausch von Erfahrungen und eine Verständigung über individuelle Ziele und Herangehensweisen sind wichtige Voraussetzungen für einen gelingenden Entwicklungsprozess und die Teilhabe am Alltagsleben in und außerhalb des Kindergartens" (Baden-Württemberg. Ministerium für Kultus, Jugend und Sport 2011, S. 21). Beide Seiten überlegen, wie sie einander beim Umgang mit den Auffälligkeiten oder Belastungen des Kindes unterstützen können und ob besondere Fördermaßnahmen bzw. Hilfsangebote notwendig sind (s.u.).

Entwicklungs- und Beratungsgespräche sollten nachbereitet und hinsichtlich der wichtigsten Inhalte dokumentiert werden. Die Inhalte sind vertraulich: „Gesprächsdaten sind überwiegend anvertraute Sozialdaten (§ 65 SGB VIII), wobei Vertrauensperson nur jene pädagogische Fachkraft ist, die das Zwiegespräch mit den Eltern geführt hat. Die interne Weitergabe wichtiger Gesprächsdaten im Kollegenkreis (z.B. Ablage des Gesprächsprotokolls in der Betreuungsakte) bedarf der elterlichen Einwilligung (§ 65 Abs. 1 Satz 1 Nr. 1 und Abs. 2 SGB VIII)" (Bayerisches Staatsministerium für Arbeit und Sozialordnung, Familie und Frauen/Staatsinstitut für Frühpädagogik München 2012, S. 434).

Ein intensiver Gesprächsaustausch zwischen Erzieher/innen und Eltern kann außerdem in größeren Gruppen stattfinden, z.B. bei Eltern- oder Gruppenabenden, in Gesprächskreisen, beim Elternstammtisch oder bei zielgruppenspezifischen Veranstaltungen (z.B. nur für Migrant/innen). Hier können die Eltern auch untereinander Informationen und Erfahrungen austauschen.

In einigen Bildungsplänen wird betont, dass Väter und Mütter gleichberechtigt in die Erziehungspartnerschaft einzubeziehen sind. „Zum Beispiel sollte darauf geachtet werden, in Gesprächen über die Entwicklung der Kinder Mütter und Väter gleichermaßen zu beteiligen. Auch sollten sich Aushänge, Informationen usw. in den Kindertageseinrichtungen an Mütter und Väter richten. Das bedeutet zum Beispiel, bei Reparaturarbeiten nicht ausschließlich Väter oder Großväter, sondern auch Mütter und Großmütter anzusprechen" (Sächsisches Staatsministerium für Kultus 2011, S. 159). Dasselbe gelte für Begegnungsmöglichkeiten wie Elternstammtische, die Mitwirkung an Projekten oder Arbeitseinsätze wie zur Gestaltung des Außengeländes oder einer Bewegungsbaustelle.

Väter (und Großeltern) sind außerdem als besondere Zielgruppe zu berücksichtigen: „Auch spezielle Angebote nur für Väter und Kinder wie z.B. ein Samstagvormittag/-nachmittag mit Spiel- und Bastelaktivitäten, ein Projekt ‚Werken mit Holz‘ (Väter stellen das Werkzeug zur Verfügung und leiten die Kinder an), ein gemeinsamer Ausflug, ein Turnier, eine Aktion ‚Vater-Kind-Kochen‘, ein ‚Vatertagscafé‘ oder ein Abendessen an einem Werktag sind Möglichkeiten, Väter aktiv einzubinden. Ferner können Veranstaltungen nur für Väter, wie ein Gesprächskreis oder ein ‚Väterabend‘, angeboten werden" (Bayerisches Staatsministerium für Arbeit und Sozialordnung, Familie und Frauen/Staatsinstitut für Frühpädagogik München 2012, S. 435).

Erziehungspartnerschaft bei Transitionen

Übergangssituationen erfordern laut den Bildungsplänen die besondere Aufmerksamkeit der Erzieher/innen, da sie von Eltern und Kinder ambivalent erlebt werden und mit vielen Erwartungen, Hoffnungen und Befürchtungen verknüpft sind. Dazu kommen alltagspraktische Veränderungen und Einschnitte wie eine neue Planung des Tagesablaufs, aber auch des Urlaubs. Die Eltern haben zumeist viele Fragen, für deren Beantwortung sich die Erzieher/innen genügend Zeit nehmen sollten. Manches kann auf Informations- bzw. Einführungselternabenden geklärt werden; auf Einzelgespräche kann aber nicht verzichtet werden.

Der Transition von der Familie zur Kindertagesstätte kommt eine besondere Bedeutung zu: „Für Eltern stellt der Übergang ... eine emotional bedeutsame Situation dar, da sie sich oft zum ersten Mal regelmäßig von ihrem Kind trennen und es zunächst noch unbekannten Erwachsenen in einer unbekannten Institution überlassen werden. Auch Eltern sollten folglich ‚eingewöhnt‘ werden, denn sie müssen eine vertrauensvolle Beziehung zu dem neuen Lebensumfeld ihres Kindes aufbauen können" (Senatsverwaltung für Bildung, Jugend und Wissenschaft 2014, S. 58). So müssen sie die zeitweilige Trennung von ihrem Kind und damit verbundene „Gefühle wie Trauer, Sorge, eventuell schlechtes Gewissen" bewältigen. „Die Pädagoginnen und Pädagogen sollten ... Eltern in Übergangssituationen sensibel unterstützen und sie gleichzeitig als kompetente Partner bei der Gestaltung des Übergangs ihres Kindes einbeziehen" (a.a.O., S. 56).

Nach eher informativen Kontakten mit Eltern, die nach einem Kita-Platz suchen, sich aber noch nicht für eine Einrichtung entschieden haben, kommt es nach der Anmeldung des Kindes zu einem längeren Anmeldegespräch. Hier findet ein erster Informationsaustausch über das jeweilige Kind und seine Familie sowie über die Kindertageseinrichtung und die pädagogische Arbeit statt. Ferner werden formale Inhalte wie der Abschluss eines Betreuungsvertrages bzw. einer Bildungs- und Erziehungsvereinbarung behandelt.

In einigen Bildungsplänen wird auch ein Aufnahmegespräch als sinnvoll erachtet. Hier stehen die Vorbereitung der Familie auf die Transition, Informationen über deren üblichen Verlauf sowie die Besprechung von Fragen und Ängsten der Eltern im Mittelpunkt. „Bei einem intensiven Aufnahmegespräch erläutert die Erzieherin den Eltern das Eingewöhnungskonzept der Einrichtung und verdeutlicht, welche wesentliche Rolle eine gute Beziehung zwischen Kindergarten und Familie für die Bildung und Erziehung des Kindes spielt. Wichtig ist, dass bei diesem Gespräch nicht nur die Leiterin mit den Eltern spricht, sondern auch die Erzieherin, von der das Kind eingewöhnt werden wird. Um Brüche für das Kind beim Übergang von der Familie in die Kindertageseinrichtung zu vermeiden, tauschen sich Erzieherin und Eltern über Vorlieben und Abneigungen des Kindes und über Rituale und Werte in der Familie und in der Einrichtung aus und stimmen sich ab. Die Erzieherin übernimmt nach Möglichkeit die Rituale der Familie, und auch die Eltern lassen sich auf neue Erfahrungen ein. ... Der Bindungsaufbau zwischen Erzieherin und Kind hängt wesentlich davon ab, inwieweit Erzieherin und Eltern sich gegenseitig akzeptieren können. Darum muss die Erzieherin die Ablösungsprozesse von Eltern besonders sensibel begleiten und sie bei Schwierigkeiten unterstützen. Eltern zu vermitteln, dass sie für die Kinder die wichtigsten Bindungspersonen bleiben, ist eine wesentliche Aufgabe der Erzieherin im Eingewöhnungsgespräch. Damit Eltern ihre Kinder ‚loslassen' können, bedarf es auf ihrer Seite Sicherheit und Vertrauen, die die Erzieherinnen durch Einfühlungsvermögen und nachvollziehbare Informationen anbahnen. Es ist wichtig, dass die Eltern nicht das Gefühl entwickeln, ihr Kind zu ‚verlieren' und dass zwischen ihnen und der Erzieherin keine heimlichen Konkurrenzgefühle entstehen" (Saarland. Ministerium für Bildung, Kultur und Wissenschaft 2007, S. 161, ohne Aufzählungszeichen). Ferner wird empfohlen, dass zu Beginn der Eingewöhnung ein Elternteil nach dem Bringen des Kindes in der Tageseinrichtung bleibt. So können die Eltern den Kita-Alltag miterleben, dem Kind bei Problemen als Bindungsperson zur Verfügung stehen und leicht relevante Informationen mit den Erzieher/innen austauschen. Dann würde sich schnell eine Erziehungspartnerschaft herausbilden.

In einigen Bildungsplänen wird empfohlen, mit den Eltern ein erstes Entwicklungsgespräch zu führen, nachdem das Kind den Übergang bewältigt hat. „Eine wichtige Grundlage dieses Gespräches bildet die Dokumentation der Eingewöhnungsphase, die zugleich den Anfang einer Bildungs- und Entwicklungsdokumentation des Kindes darstellt" (Freie und Hansestadt Hamburg. Behörde für Arbeit, Soziales, Familie und Integration 2012, S. 42).

Eine weitere wichtige Transition, die in nahezu allen Bildungsplänen thematisiert wird, ist die Einschulung: „Ein gelingender

Übergang von der Kita in die Grundschule ist eine gemeinsame Aufgabe aller am Prozess Beteiligten. Erzieherinnen, Grundschullehrerinnen und Eltern sollten sich frühzeitig und kontinuierlich über die Prozessbegleitung des Kindes beim Übergang austauschen. Eltern sind Experten ihres Kindes. Ihr Wissen und ihre Bereitschaft zur Zusammenarbeit mit Erzieherinnen und Lehrerinnen sollten in gemeinsamen Projekten, Elterngesprächen, Elternabenden... einbezogen und gefördert werden. Ein gutes Motto dafür kann das folgende Zitat sein: *Das beste Mittel, sich kennen zu lernen, ist der Versuch, andere zu verstehen. André Gide"* (Ministerium für Bildung, Jugend und Sport des Landes Brandenburg 2009, S. 67).

Eltern befassen sich heute mehr als früher mit dem neuen Lebensabschnitt ihres Kindes, da ihnen zumeist bewusst ist, dass dessen Zukunftschancen weitgehend vom Schulerfolg abhängen. Dies kann zu überhöhten Ansprüchen an das Kind – und an die Kindertagesstätte – führen, aber auch zu Ängsten und Unsicherheiten bezüglich der „Schulfähigkeit". Erzieher/innen und Lehrer/innen müssen somit Eltern nicht nur über die anstehende Transition informieren, sondern auch auf deren Erwartungen und Gefühle eingehen. Dies verlangt einiges an Planung: „Damit dieser Übergang nicht zum Bruch, sondern zur Brücke wird, kooperieren Erzieherinnen und Erzieher, Lehrkräfte und Eltern frühzeitig und vertrauensvoll. Die Kooperation wird inhaltlich und organisatorisch in einem auf die örtlichen Verhältnisse abgestimmten Jahresplan konzipiert, der gemeinsam von Lehrkräften und Erzieherinnen und Erziehern auf der Grundlage des Orientierungsplans mit Blick auf den Bildungsplan der Grundschule erstellt wird" (Baden-Württemberg. Ministerium für Kultus, Jugend und Sport 2011, S. 22).

Von besonderer Bedeutung sind Entwicklungsgespräche vor dem Übergang in die Schule, an denen neben Erzieher/innen und Eltern nach Möglichkeit auch Lehrer/innen teilnehmen sollten. Wollen die Eltern ihr Kind nach der Schule z.B. in einem Kinderhort betreuen lassen, muss dies ebenfalls thematisiert werden, da hier das Kind gleich zwei Transitionen auf einmal bewältigen muss. In diesen Fällen ist der Übergang gemeinsam mit der Folgeeinrichtung zu planen.

Elternmitarbeit und Bildungspartnerschaft

In vielen Bildungsplänen wird auf die Mitwirkung von Eltern in der Kindertageseinrichtung eingegangen. „Eltern werden selber als Akteure in den Alltag der Kindertagesstätte eingebunden und übernehmen durch ihre Mitarbeit Verantwortung: Eltern beteiligen sich an der Konzeptionsentwicklung und an der Gestaltung von Veranstaltungen und Familiengottesdiensten (in kirchlichen Einrichtungen), an interkulturell geprägten Treffen und engagieren sich im Förderverein. Auch praktische Mitwirkung ist gefragt, z.B. bei einem Elternfrühstück oder in einem Elterncafe, einem ‚Oma-Opa-Tag' oder einem ‚Vater-Kind-Tag', bei Festen und Feiern und bei Ausflügen" (Niedersächsisches Kultusministerium 2018, S. 43).

Nur einige Bildungspläne thematisieren eine Bildungspartnerschaft, die durch gemeinsames pädagogisches Handeln von Erzieher/innen und Eltern zustande kommt. Hier erfassen die Fachkräfte die besonderen Fähigkeiten, Kenntnisse und Interessen von Eltern und ermutigen sie, diese in die Arbeit mit den Kindern einzubringen. „Über eine gute Zusammenarbeit mit den Eltern wird die Kindertagesstätte zusätzliche Ressourcen erschließen, um ihren Bildungsauftrag zu erfüllen. Eltern sind eingeladen, an Aktivitäten und pädagogischen Angeboten der Kindertageseinrichtung teilzunehmen, Neues anzuregen und ihre eigenen Kompetenzen einzubringen. Das Netzwerk vergrößert sich, wenn Eltern und Erzieherinnen gemeinsam weitere Experten für einzelne Themen zu gewinnen suchen" (Saarland. Ministerium für Bildung, Kultur und Wissenschaft 2007, S. 163). Eltern können auch an der Erstellung von Wochen- bzw. Monatsplänen mitwirken sowie an der Planung und Durchführung von Projekten.

Auf diese Weise wird die Unterstützung kindlicher Bildungsprozesse zu einer gemeinsamen Aufgabe von Erzieher/innen und Eltern – auf der Grundlage eines intensiven Austausches über die kindliche Entwicklung, die Inhalte des jeweiligen Bildungsplans und ähnliche Fragen. „Die Offenheit der Mütter und Väter und die Öffnung der pädagogischen Fachkräfte hin zur Familie in ihrer Vielgestaltigkeit bieten ideale Voraussetzungen, ein ‚Haus des Lernens' für alle zu gestalten" (Sächsisches Staatsministerium für Kultus 2011, S. 158).

Die Mitwirkung von Eltern in der Kindertageseinrichtung verschafft ihnen und den Kindern viele neue Erfahrungen. „Eltern sollen an der Arbeit der Einrichtungen teilnehmen können. Die *Mitarbeit* bietet ihnen nicht nur Einsicht in deren Arbeit, sie stellt für die Kinder eine Verbindung zwischen den verschiedenen Lebensbereichen her und die Eltern erleben ihre Kinder in der Kindergruppe. Spielaktionen, gemeinsames Feiern, Unterstützung bei Bildungsangeboten oder Hilfe bei der Betreuung der Kinder, etwa um Ausflüge durchzuführen, ermöglichen darüber hinaus beiden Seiten, sich im Umgang mit den Kindern zu erleben und voneinander zu lernen. Gerade die Zusammenarbeit im Alltag der Einrichtungen erleichtert es, Eltern und insbesondere auch Väter einzubeziehen, die für Gespräche über Probleme von Entwicklung und Erziehung der Kinder aufgrund ihrer Einstellung oder Herkunft schwieriger zu erreichen sind" (Freie Hansestadt Bremen. Die Senatorin für Soziales, Kinder, Jugend und Frauen 2017, S. 39). Dies gelingt auch gut, wenn Eltern eingeladen werden, bei der Gestaltung der Außenanlagen der Kindertageseinrichtung, bei Renovierungsarbeiten oder bei der Reparatur von Spielsachen zu helfen oder an der Kita-Zeitschrift bzw. Homepage mitzuwirken. Schließlich können sie Veranstaltungen für andere Eltern organisieren (z.B. Elterncafé, -stammtisch, -gruppe).

Bildungspartnerschaft kann aber auch bedeuten, dass Erzieher/innen die Bildungsbemühungen der Eltern in ihrer Familie unterstützen. „Es kann diskutiert werden, wie Eltern zu Hause die aktuellen Themen aufgreifen, ergänzen und vertiefen können. So können Eltern z.B. zum Thema passende Bilderbücher aus der Stadtbibliothek ausleihen und mit den Kindern anschauen, mit ihnen über neue Begriffe sprechen oder mit ihnen bestimmte Aktivitäten (z.B. Experiment, Bastelarbeit, Interview) durchführen. Auf diese Weise werden die Lernerfahrungen des Kindes verstärkt und ausgeweitet, wird die Bildung in der Familie intensiviert. Auch durch Aushänge oder Elternbriefe können Eltern über Aktivitäten informiert werden, die sie zu Hause durchführen können und die das pädagogische Angebot in der Kindertageseinrichtung ergänzen" (Bayerisches Staatsministerium für Arbeit und Sozialordnung, Familie und Frauen/Staatsinstitut für Frühpädagogik München 2012, S. 435).

Elternmitbestimmung

Laut den Bildungsplänen sollen Kindertagesstätten eine „demokratische Kultur" entwickeln, sodass Eltern in wesentlichen Angelegenheiten der Erziehung, Bildung und Betreuung mitbestimmen können (siehe § 22a Abs. 2 SGB VIII). „Sie ermutigen Eltern, Vorschläge, Kritik und Wünsche einzubringen, und lassen sie erleben, dass ihre Meinung wichtig ist und ihre Anregungen Berücksichtigung finden" (Saarland. Ministerium für Bildung, Kultur und Wissenschaft 2007, S. 164). Zur Erfassung der Wünsche und Kritik der Eltern können Befragungen und Gesprächsforen durchgeführt werden. Beschwerden sollten ausdiskutiert werden. „Nur in der deutlich spürbaren Atmosphäre einer offenen ‚Beschwerdekultur' gelingt es Eltern und der Einrichtung, sich in ihrem jeweiligen Anliegen ernst zu nehmen und zugleich ihren gemeinsamen Handlungsspielraum sowie die Grenzen der Kindertagesstättenarbeit zu erkennen" (Niedersächsisches Kultusministerium 2018, S. 43).

Hinsichtlich der Mitbestimmung kommt dem Eltern(bei)rat bzw. der Elternvertretung eine große Bedeutung zu. Seine Beteiligungsrechte werden in den Kita-Gesetzen der Bundesländer festgelegt und umfassen zumeist organisatorische und inhaltliche Bereiche. In Bildungsplänen wird gefordert, dass der Elternbeirat bzw. -ausschuss z.B. an der Erstellung und Weiterentwicklung der pädagogischen Konzeption, der Jahres- bzw. Rahmenplanung, der Gestaltung der inhaltlichen Arbeit, der Umsetzung des jeweiligen Bildungsplans, der Verbesserung des Leistungsangebots der Einrichtung, der Qualitätssicherung, der Planung von Veranstaltungen oder der Öffentlichkeitsarbeit beteiligt werden soll. Auch soll er mitbestimmen, welche Formen der Erziehungs- und Bildungspartnerschaft in der jeweiligen Kindertageseinrichtung praktiziert werden. Ferner sollen Elternbeirat und Einrichtungsleitung besprechen, welche Informationen zu welchem Zeitpunkt und auf welchem Weg (z.B. durch einen Elternbrief oder einen Aushang am „Schwarzen Brett") an alle Eltern weitergegeben werden.

Schließlich sollen Erzieher/innen Eltern motivieren, sich im Gemeinwesen für eine Verbesserung der Lebensbedingungen von Kindern und Familien zu engagieren: „Wenn es ... der Kindertagesstätte gelingt, bei Kindern und Eltern Interesse für die Belange und Angelegenheiten des Umfeldes zu wecken, die eine Bedeutung für sie haben, und hierfür zusammen mit den ausführenden Stellen Beteiligungsformen zu finden, übernimmt sie als Teil des Jugendhilfesystems eine wichtige Aufgabe im Sinne des § 1 Abs. 3 Ziff. 4 des Kinder- und Jugendhilfegesetzes. Hierzu können die Mitwirkungen bei der Planung und Gestaltung eines Spielplatzes ebenso zählen wie aktivierende Befragungen und Überlegungen zu Wohn- und Umfeldverbesserungen. Und bei all dem kann die Kindertagesstätte ihre Räume, soweit als möglich, zur Verfügung stellen und damit ihre aktive Beteiligung und Mitwirkungsbereitschaft deutlich machen" (Rheinland-Pfalz. Ministerium für Bildung 2018, S. 132, ohne Fußnote).

Die Kindertageseinrichtung als Familienzentrum

In mehreren Bildungsplänen wird eine Öffnung der Kindertageseinrichtung zur erweiterten Familie hin gefordert. Da viele Kleinkinder aufgrund der Mobilität der Bevölkerung weit entfernt von ihren Großeltern und anderen Verwandten leben und somit nicht mehr von deren Lebenserfahrungen profitieren können, sollten Kindertagesstätten die „Annäherung und Begegnung zwischen den Generationen befördern". Sie können „als Treffpunkt fungieren, indem zum Beispiel ein Großvater, der gut Akkordeon spielen kann, mit interessierten Kindern zusammen musiziert, oder indem eine Großmutter ihrem Interesse am Fotografieren mit den Kindern gemeinsam nachgeht" (Sächsisches Staatsministerium für Kultus 2011, S. 159).

Darüber hinaus sollten Kindertageseinrichtungen zu Familienzentren ausgebaut werden, in denen Eltern zusammenkommen können, um Informationen und Erfahrungen auszutauschen (z.B. in Elterngruppen, im Elterncafé, beim Elternstammtisch) oder einen Teil ihrer Freizeit zu verbringen (z.B. bei Festen oder Ausflügen). Durch die dabei entstehenden sozialen Netzwerke wird der Isolation einzelner Eltern entgegengewirkt. Zugleich wird Familienselbsthilfe durch gegenseitige Unterstützung möglich, was wesentlich zur Entlastung von Eltern und zur Stabilisierung von Familien beitragen kann. Sozial benachteiligte Familien und Migranteneltern sollten direkt angesprochen werden; für sie können auch besondere Angebote wie beispielsweise Deutschkurse (unter Einbeziehung von Volkshochschulen) gemacht werden. Über die erweiterte Familie hinaus soll – laut mehreren Bildungsplänen – auch die Nachbarschaft einbezogen werden. So könnte z.B. ein Mittagstisch für Nachbarn (und natürlich für die Eltern) eingerichtet werden.

Ein zentraler Aspekt der Gemeinwesenorientierung ist die Vernetzung der Kindertageseinrichtung mit anderen Institutionen wie z.B. Schulen, Jugendamt, Frühförderstellen, Heilpädagogischen Tagesstätten, Kinderschutzdiensten oder Schulpsychologischen Beratungsstellen, aber auch mit Kinderärzten und freiberuflichen Therapeuten. „Die Kindertagesstätte ist Teil des Gemeinwesens und sollte auch Teil eines Netzwerkes sein, das die Bedürfnisse und Interessen von Kindern, Eltern und Familien auf regionaler Ebene im Blick hat. Die Kindertagesstätte unterstützt damit den öffentlichen Träger bei der Erfüllung des in § 81 des Kinder- und Jugendhilfegesetzes festgelegten Auftrages zur Zusammenarbeit. Durch vielfältige Kontakte zum Umfeld kann der Erfahrungsraum von Kindern und Eltern entscheidend erweitert werden" (Rheinland-Pfalz. Ministerium für Bildung 2018, S. 131).

In der Kindertageseinrichtung kann Eltern viel leichter als in anderen Institutionen Familienbildung angeboten werden, weil hier die Zugangsbarrieren sehr niedrig sind. „Die Kindertagesstätte ist der früheste institutionelle Partner für junge Familien, der auch von weniger bildungsgewohnten Eltern aufgesucht wird. Die Kindertagesstätte besitzt eine große soziale Reichweite bei niedrigschwelligem Zugang. Sie bietet wohnort- und familiennahen Raum, um in vielfältiger Kooperation unterschiedlicher Partner zur Stärkung von Erziehungs- und Familienkompetenz wesentlich beizutragen. So können beispielsweise Beratungsstellen der Jugendhilfe in der Kindertagesstätte ihre Beratungstätigkeit vor Ort anbieten und hierdurch insbesondere in sozial schwachen Gebieten die Kinder und Eltern unmittelbar erreichen" (a.a.O., S. 133). Auch die Vermittlung von Hilfsangeboten kann auf direktem und schnellem Weg erfolgen. Die Kindertageseinrichtung wird somit zu einer Anlaufstelle für alle hilfe- bzw. beratungsbedürftigen Familien und übernimmt damit eine wichtige präventive Funktion.

Je mehr über die Betreuung, Erziehung und Bildung von Kleinkindern hinausgehende Angebote in den Kindertagesstätten selbst
vorgehalten werden, umso mehr werden diese zu „Kompetenzzen-
tren": Sie entwickeln sich „(anhand von sozialraumorientierten Kon-
zepten) von Kindertageseinrichtungen zu ‚Nachbarschaftszentren'
bzw. ‚Familienhäusern' (z.B. mit Eltern-Kind-Gruppen, Spielgrup-
pen, Kurse zur Geburtsvorbereitung, Angebote der Familienbildung,
Erziehungsberatung, Frühförderung, Tagesmütter- und Babysitter-
vermittlung oder Kleider- oder Spielzeugbörse) und ‚Kommunikati-
onszentren' (z.B. für Gesprächs- und Erfahrungsaustausch, Förderung wechselseitig unterstützender Beziehungen und gemeinsame
Aktivitäten von Familien)" (Hessisches Ministerium für Soziales und
Integration/Hessisches Kultusministerium 2014, S. 110).

Fazit

Insbesondere die letzten Absätze machen deutlich, dass die Bildungspläne der Bundesländer nicht nur die auf Familien bezogenen
Aufgaben von Kindertageseinrichtungen präzisieren, sondern auch
Zukunftsperspektiven eröffnen. Erzieher/innen sollen eine Bildungs-
und Erziehungspartnerschaft mit allen Eltern eingehen, ihnen Gelegenheiten zur Mitarbeit in der Einrichtung bieten, ihnen echte Mit-
bestimmungsmöglichkeiten eröffnen und die Kindertagesstätte zu
einem Nachbarschafts- und Kompetenzzentrum ausbauen. Diese
Zielsetzungen verdeutlichen die große Bedeutung, die der Erziehungspartnerschaft seitens der Landesregierungen beigemessen wird.

Formen der Erziehungspartnerschaft

Ein „Standard-Angebot" der Elternarbeit entspricht weder der Vielfalt der Familienformen, den unterschiedlichen Lebenslagen und der „Entstandardisierung" familialer Lebensläufe noch den von Eltern geäußerten Wünschen, Interessen und Bedürfnissen. So müssen aus der Vielzahl der Formen der Bildungs- und Erziehungspartnerschaft diejenigen ausgesucht werden, *die dem Bedarf der Familien vor Ort entsprechen und mit denen man möglichst alle Eltern erreicht.* Nur so können die Ziele und Vorgaben der Bildungspläne erfüllt werden.

Die Auswahl von Formen der Erziehungspartnerschaft, die in einer bestimmten Kindertagesstätte zum Tragen kommen sollen, ist jedoch ein Balanceakt. Beispielsweise muss berücksichtigt werden, dass manche Eltern gerne Angebote während der Öffnungszeit der Einrichtung hätten, andere zur Abholzeit (mit paralleler Kinderbetreuung) und wieder andere am Abend. Einige vollerwerbstätige Eltern können nur am Freitagnachmittag oder Samstag kommen. Wenn den entsprechenden Wünschen und Erwartungen entsprochen wird, ist jedoch bei einzelnen Angeboten die Teilnehmerzahl recht gering. Dies ist für die Erzieher/innen frustrierend – sollte es aber nicht sein: Entscheidend ist eben, dass *alle* Eltern erreicht werden! Und wenn zu einem Bastelnachmittag nur fünf Migrantenmütter kommen, die bei allen anderen Angeboten der Elternarbeit fehlen, so kann dies sogar als großer Erfolg verbucht werden.

Nur durch Experimentieren mit den verschiedenen Formen der Bildungs- und Erziehungspartnerschaft kann herausgefunden werden, welche sich für die jeweilige Elternschaft am besten eignen. Das macht die Elternarbeit für Erzieher/innen interessant und abwechslungsreich, verlangt aber auch eine Portion Neugier und Mut – insbesondere wenn Formen ausprobiert werden sollen, für die sich eine Fachkraft nicht genügend qualifiziert fühlt. Prinzipiell sollte das Angebot aber nicht zu groß werden, da sich sonst die Elternschaft aufsplittert und die Teilnehmerzahlen bei den einzelnen Aktivitäten zu klein werden. Diese Gefahr ist jedoch eher gering, da *die Zeit der Erzieher/innen für Elternarbeit recht knapp bemessen ist.* Auch muss berücksichtigt werden, dass sich eine Bildungs- und Erziehungspartnerschaft am intensivsten in Termingesprächen realisiert. Für sie sollte immer genügend Zeit eingeplant werden. Deshalb können nur *einige* weitere Angebote gemacht werden.

In diesem Kapitel sollen nun einige der wichtigsten Formen der Bildungs- und Erziehungspartnerschaft vorgestellt werden, und zwar weitgehend in der Reihenfolge, wie sie im Verlauf eines Kita-Jahres auftreten. Selbstverständlich können in einer Kindertageseinrichtung nicht alle diese Formen angeboten werden – wie bereits erwähnt, ist eine den Zielen der Erziehungspartnerschaft und dem Bedarf entsprechende Auswahl zu treffen.

Erste Elternkontakte

Erziehungspartnerschaft beginnt bereits mit dem ersten Kontakt zu Eltern – wenn diese ihre Kinder in der Einrichtung anmelden. Ab diesem Zeitpunkt bis hin zum Ende der Eingewöhnungsphase werden *die Erwartungen der meisten Eltern geprägt* – in Richtung Teilnahmslosigkeit oder in Richtung aktiver Beteiligung am Kita-Geschehen. Vielen Eltern ist bei der Anmeldung nicht bewusst, dass Erzieher/innen mit ihnen zum Wohle der Kinder zusammenarbeiten wollen und eine Erziehungspartnerschaft anstreben. Deshalb muss ihnen vom ersten Augenblick an – und immer wieder – deutlich gemacht werden, dass ihre Mitarbeit erwünscht ist und geschätzt wird.

Das Anmeldegespräch

Das Aufnahmegespräch bietet eine gute Gelegenheit, einen ersten Schritt in Richtung Offenheit und Transparenz zu tun. So sollten möglichst beide Eltern mit ihrem Kind zu dem Termin kommen und vorab erfahren, dass sie sich auf ein längeres Gespräch einstellen sollten. Im ersten Teil des Anmeldegesprächs geht es darum, die Eltern mit der Einrichtung vertraut zu machen und ihnen *einen ersten Einblick* in die pädagogische Arbeit zu gewähren. Hier bietet es sich an, die Konzeption als Grundlage zu nehmen – die den Eltern möglichst vorab zugeschickt werden sollte (zusammen mit Merkblättern, Betreuungsvertrag usw.), sodass sie sich schon damit befassen und bei Unklarheiten nun im Gespräch nachfragen können. Auf diese Weise erfahren die Eltern, welche Erziehungsziele und -schwerpunkte, pädagogische Ansätze und Prinzipien von den Fachkräften vertreten werden – und was an Erziehungspartnerschaft praktiziert bzw. *an Elternmitarbeit erwartet* wird. Während manche Eltern über die Mitwirkungswünsche erfreut sind, reagieren andere eher zurückhaltend, insbesondere wenn sie sich von der Einrichtung Entlastung (und nicht eine neue „Belastung") erwartet haben. Aber auch im letztgenannten Fall wurde bereits ein Zeichen gesetzt, das es erlaubt, in Zukunft ein gewisses Mindestmaß an persönlichem Engagement von den Eltern zu fordern. Schließlich wirkt der erste Eindruck lange nach!

Haben sich die Fachkräfte offen über ihre Arbeit und ihre Erwartungen geäußert, bietet es sich an, den Eltern alle Räume der Einrichtung zu zeigen und die anwesenden Kolleg/innen vorzustellen. Während dieses ersten Teils des Anmeldegesprächs sind die Eltern laut Bernitzke und Schlegel (2004) vor allem mit Folgendem beschäftigt: „Neben den räumlichen Gegebenheiten werden auch Stimmungen, die besondere Atmosphäre der Einrichtung sowie die Haltung der Erzieherinnen zu den Eltern sensibel wahrgenommen und interpretiert. Die Eltern sehen die Einrichtung unter der Perspektive: Wie wird es meinem Kind hier ergehen? Ist diese sozialpädagogische Einrichtung optimal für mein Kind? Inwieweit werde ich hier mit meinen Anliegen gehört?" (S. 76).

Während einige Eltern vielleicht noch eine andere Kindertagesstätte anschauen wollen, haben sich die meisten nun endgültig entschieden, ihr Kind anzumelden. So fällt es ihnen leicht, im nächsten Teil des Anmeldegesprächs *von ihrem Kind, seiner bisherigen Entwicklung, seinen besonderen Bedürfnissen und ihren Familienverhältnissen zu berichten.* Das ist besonders wichtig, wenn ein Baby, ein einjähriges oder auch ein zweijähriges Kind aufgenommen werden soll. Da Kleinstkinder ihre Bedürfnisse und Wünsche noch nicht klar äußern können, sind Erzieher/innen auf entsprechendes Wissen der Eltern angewiesen. So sollten diese die Fachkräfte z.B. „über die Gewohnheiten, besonderen Bedürfnisse und Kommunikationsformen ihrer Kinder sowie deren tägliche Routineabläufe in Kenntnis setzen. Zur Information dieser Art sollte gehören, wann und wie viel das Kind schläft, wie das Kind einschläft, was für Essgewohnheiten, Bedürfnisse, Vorlieben und Abneigungen es hat, wie seine Verdauung funktioniert, wie es mit der Flüssigkeitsaufnahme und -abgabe aussieht, was für Kuschelbedürfnisse es hat, welche *Trostspender* es braucht usw." (Gonzales-Mena/Widmeyer-Eyer 2008, S. 486). Zudem bedeutet die Aufnahme in die Kindertageseinrichtung zumeist die erste längerfristige und regelmäßige Trennung zwischen Eltern und Kind – was beiden Seiten zumeist schwerer fällt als dies bei älteren Kleinkindern der Fall ist.

Vor dem Erledigen der Formalitäten kann schließlich noch gemeinsam die Eingewöhnungsphase (s.u.) geplant werden. Da insbesondere bei unter Dreijährigen der Übergang von der Familie in die Kindertageseinrichtung ein längerfristiger und elternbegleiteter Prozess ist, sollten die Eltern darauf hingewiesen werden, dass ihre Mitwirkung durchaus zwei Wochen und länger dauern kann – je nach Verhalten des Kindes. Deshalb sollte eine eventuelle Wiederaufnahme der Erwerbstätigkeit möglichst erst einen Monat nach Beginn der Betreuung erfolgen.

Im Aufnahmegespräch können Erzieher/innen darauf hinweisen, dass sie immer wieder das Gespräch mit den Eltern über ihr Kind suchen werden, da nur auf diese Weise beide Seiten ein vollständiges Bild von seiner Persönlichkeit und seinem Verhalten gewinnen können. Dies erlaubt es zugleich, die Bedeutung der Kontinuität zwischen Familien- und Kita-Erziehung für die kindliche Entwicklung zu betonen. Dazu müssten beide Seiten in eine Bildungs- und Erziehungspartnerschaft eintreten.

Vorbesuche

Die Öffnung der Kindertageseinrichtung zur Familie hin kann noch dadurch verstärkt werden, dass dem jeweiligen Kind und seinen Eltern Vorbesuche in seiner zukünftigen Gruppe ermöglicht werden. Diese können aktiv oder beobachtend am Geschehen in der Kindergruppe teilhaben und einen ersten Eindruck von dem Leben in der Einrichtung erhalten. Zugleich wird den Eltern verdeutlicht, dass die Erzieher/innen zu ihrer Arbeit stehen und bereit sind, diese „öffentlich" zu machen. Vorbesuche sollten so gestaffelt werden, dass nie mehr als eine Familie in der jeweiligen Gruppe anwesend ist, sodass die anderen Kinder wenig gestört werden. Sinnvoll sind Nachmittagstermine, da dann zumeist weniger Kinder anwesend sind und die Erzieherin mehr Zeit für die Besucher hat.

Miniclubs

Eine Alternative zu Vorbesuchen in der Kindertagesstätte sind „Miniclubs", also Spielnachmittage, zu denen alle zukünftigen Kinder und ihre Eltern eingeladen werden. Diese ermöglichen den „Gästen" das Kennenlernen der Einrichtung, ihrer Räume und Ausstattung. Für das Kind wichtige Fragen, z.B. nach den Toiletten, können geklärt werden. Allerdings lernen die Kinder und ihre Eltern häufig nicht den zukünftigen Gruppenraum, die später für sie zuständigen Fachkräfte und den „normalen" Kita-Alltag kennen, bleiben die anderen Gruppenmitglieder eine „unbekannte Größe".

Orientierungsabend

Werden viele Kinder neu aufgenommen, bietet es sich an, die Eltern zu einem „Orientierungsabend" einzuladen. Hier können Konzeption und Praxis der pädagogischen Arbeit ausführlicher und effizienter als bei den Anmeldegesprächen vorgestellt werden. Zudem können Dias oder Videofilme zur Verdeutlichung von Aktivitäten eingesetzt werden. Bei dieser Gelegenheit werden auch alle Eltern über den Tagesablauf, das Essen, das Verhalten bei Erkrankung, die Kleidung des Kindes, Geburtstagsfeiern usw. informiert, werden noch offene Fragen beantwortet. Auf diese Weise ersparen sich die Fachkräfte das „gebetsmühlenartige" Wiederholen gleicher Informationen bei den Anmeldegesprächen, was z.B. dem Austausch über das jeweilige Kind und seine Erziehung zugutekommen kann.

Hausbesuche vor Aufnahme eines Kindes

Eine kaum praktizierte Form der Erziehungspartnerschaft sind Hausbesuche. Diese können aber durchaus schon in dem Zeitraum vor Aufnahme des jeweiligen Kindes in die Einrichtung sinnvoll sein. Beispielsweise kann die Gruppenleiterin ihre „zukünftigen Kinder" und deren Eltern kurz vor Beginn des Kita-Jahres aufsuchen. Der zuvor deutlich verbalisierte Zweck ist, dass die Eltern ihr Kind zu Hause „in die Obhut der Erzieherin" geben sollen. Zugleich fällt es ihnen auf „ihrem Terrain" leichter, mit der Fachkraft über das Kind, seine bisherige Entwicklung, besondere Bedürfnisse oder die Familiensituation zu sprechen. Außerdem wird ihnen die Botschaft vermittelt, dass auch von der Familie eine Öffnung hin zur Kindertageseinrichtung erwartet wird. Wenn das Personal über eine Kamera verfügt, kann bei dem Hausbesuch ein Foto von der Erzieherin und dem Kind für das Familienalbum sowie von den Eltern und dem Kind für die Fotowand der Kindertageseinrichtung gemacht werden. Der Gruppe wird dieses Bild gezeigt, sodass sie sich auf das neue Kind und seine Eltern einstellen kann.

Telefonkontakte

Da Hausbesuche recht zeitaufwändig sind und oftmals eine Hemmschwelle auf Seiten der Erzieher/innen und Eltern besteht, sind Telefonkontakte eine gute Alternative. So kann die Gruppenleiterin die Eltern neuer Kinder kurz vor Beginn des Kita-Jahres anrufen, den Wunsch nach einer engen Zusammenarbeit und nach Mitwirkung der Eltern formulieren sowie letzte Informationen über das Kind einholen. Auch kann den Eltern angekündigt werden, dass die Erzieherin mehrmals im Jahr mit ihnen telefonieren wird, um sich mit ihnen über die Entwicklung des Kindes und aktuelle Ereignisse zu unterhalten.

So *werden Telefongespräche zu einem normalen, nicht angstbesetzten Geschehen.* Sie machen oftmals zeitaufwändigere Gespräche im Büro unnötig und sind vielfach – z.B. bei „Buskindern" in Landkindergärten oder bei Kindern, die von Großeltern gebracht und abgeholt werden – die einzige Möglichkeit, mit den Eltern in Kontakt zu kommen. Unter diesen Umständen wird es auch wahrscheinlicher, dass Eltern von sich aus die Fachkräfte anrufen, wenn sie Fragen haben oder Verhaltensweisen ihres Kindes besprechen wollen.

E-Mails

Da nahezu alle Eltern über einen Internetanschluss verfügen, können sie von Erzieher/innen auch per E-Mail kontaktiert werden. Insbesondere wenn nur kurze Nachrichten übermittelt werden sollen, bietet sich diese Möglichkeit an. E-Mails können jederzeit versandt und vom Empfänger abgerufen werden – so entfällt das lästige „Hinterhertelefonieren".

Erziehungspartnerschaft zu Beginn des Kita-Jahres

In diesem Abschnitt sollen einige Formen der Bildungs- und Erziehungspartnerschaft beschrieben werden, die in den ersten zwei, drei Monaten des Kita-Jahres praktiziert werden können.

Anwesenheit von Eltern während der Eingewöhnung

Die Eingewöhnungszeit ist für neu aufgenommene Kinder eine schwierige Übergangsphase (Transition), insbesondere wenn sie unter drei Jahre alt sind. Sie werden mit ihnen unbekannten Erwachsenen, Kindern, Räumen, Spielangeboten, Tagesabläufen, Regeln, Rollenerwartungen usw. konfrontiert, haben noch nicht ihren Platz in der Gruppe gefunden, müssen erste Kontakte zu Gleichaltrigen und Fachkräften knüpfen. So ist es nicht verwunderlich, dass viele Kinder in dieser ihnen ungewohnten Situation verängstigt und unsicher sind. Deshalb benötigen sie in der Eingewöhnungszeit – vor allem wenn sie noch nie in einer größeren Gruppe von Kindern gespielt haben – eine besondere Unterstützung.

In vielen Kindertageseinrichtungen können Eltern eines neu aufgenommenen Kindes während der ersten Tage der Eingewöhnungsphase in der Gruppe anwesend sein. Ihr Kind fühlt sich sicher und geborgen, wenn es in seiner Nähe die ihm vertraute Mutter oder den Vater sieht. Die Eltern sollten *am Kita-Geschehen aktiv teilhaben*, also z.B. als Spielkameraden zur Verfügung stehen. Es ist sinnvoll, sie explizit darauf hinzuweisen, dass sie sich so wenig wie möglich mit ihrem eigenen Kind beschäftigen sollen, da nur auf solche Weise eine baldige Eingewöhnung erreicht werden kann. Mit der Zeit ziehen sich die Eltern dann immer mehr zurück.

Offensichtlich ist, dass dieses Angebot der Hospitation auch deutlich macht, dass die Erzieher/innen an einer Öffnung der Einrichtung interessiert sind und deshalb *ihre Arbeit transparent machen* wollen. Zugleich wird die große Neugier von Eltern befriedigt, die zum ersten Mal ein Kind in eine Kindertageseinrichtung schicken und dann natürlich wissen möchten, was dort (mit ihm) passiert.

Andere Kindertagesstätten ermöglichen den Eltern neu aufgenommener Kinder den Aufenthalt in der Einrichtung – nicht aber in der Gruppe – zu Beginn der Eingewöhnungsphase. Wenn ihr Kind es nicht mehr in der Gruppe aushält, also z.B. weint und schreit, kann es zu seiner Mutter (oder Vater) gebracht und von dieser getröstet werden. Auch ist es möglich, mit einer kurzen Aufenthaltsdauer des Kindes in der Kindertageseinrichtung zu beginnen und diese dann allmählich zu verlängern.

Unter dreijährige Kinder werden heute in der Regel nach dem INFANS-Modell (Laewen/Andres/Hédervári-Heller 2012) – oder in Abwandlung desselben – *elternbegleitet, bezugspersonenorientiert und abschiedsbewusst* eingewöhnt. Hier verläuft die Eingewöhnung in drei Phasen:

1. Während der ersten drei Tage ist das Kind nur für einige wenige Stunden in der Einrichtung. Ein Elternteil befindet sich die ganze Zeit im Raum, spielt aber nicht mit dem Kind. Vielmehr lässt er das Kind seine neue Umgebung erkunden. Die Fachkraft, die als feste „Bezugserzieherin" für dieses Kind bestimmt wurde – also zu seiner neuen Bezugsperson werden soll –, hält sich in seiner Nähe auf. Sie beobachtet es, nimmt allmählich Kontakt mit ihm auf und macht erste Spielangebote.

2. Der vierte Tag beinhaltet eine erste kurze Trennung zwischen Kind und Elternteil. Dieser verlässt den Raum, kehrt aber sofort zurück, wenn das Kind weint. Aus der Reaktion des jeweiligen Kindes können erfahrene Erzieher/innen schließen, wie lange die weitere Eingewöhnungszeit dauern wird – ob nur noch wenige Tage oder ein bis zwei Wochen.

3. Die dritte Phase, die somit je nach Verhalten des jeweiligen Kindes unterschiedlich lang ist, umfasst immer längere Trennungen zwischen Elternteil und Kind. Die Mutter bzw. der Vater hält sich zunächst noch in der Kindertageseinrichtung auf und kann dann diese für immer größere Zeiträume verlassen, muss aber für den Notfall per Handy erreichbar sein.

Die Eingewöhnung des Kindes ist abgeschlossen, wenn dieses die Bezugserzieherin als „sichere emotionale Basis" akzeptiert und sich von ihr trösten lässt.

Elterncafé

Halten sich Eltern zu Beginn der Eingewöhnungsphase ihres Kinder in der Tageseinrichtung auf, so ist dies eine gute Gelegenheit, „neue" und „alte" Eltern miteinander in Kontakt zu bringen und letztere zu aktivieren. So können erfahrene Eltern gebeten werden, die „Neuen" während ihres Aufenthalts in der Kindertageseinrichtung zu „betreuen". Beispielsweise können sie für zwei oder drei Wochen ein „Elterncafé" einrichten, in dem die Wartezeit in einer gemütlichen Atmosphäre überbrückt werden kann. Auch wird es umgehend zu einem Gesprächsaustausch zwischen „alten" und „neuen" Eltern über die pädagogische Arbeit, das Verhalten von Kindern in der Eingewöhnungsphase und das Verarbeiten von Trennungserfahrungen kommen – nicht nur für viele Kinder, sondern auch für viele Mütter ist die Trennung voneinander für die Dauer des Aufenthalts in der Einrichtung ein schmerzliches Erlebnis.

Ein „Elterncafé" kann natürlich auch von den Eltern auf Dauer betrieben werden – zweimal pro Monat, wöchentlich oder gar täglich. Ohne irgendeine Belastung für die Erzieher/innen können Eltern hier Beziehungen zueinander auf- und ausbauen, ihre Fragen und Probleme diskutieren, einander beraten und unterstützen. Ein einmal pro Monat stattfindendes Elterncafé kann aber durchaus auch einen thematischen Schwerpunkt haben, den die Eltern festlegen und der einmal von ihnen und ein anderes Mal von einer Erzieherin oder einer externen Fachkraft (z.B. Erziehungsberater) abgedeckt wird.

Außerdem kann das Elterncafé für Personen aus der Nachbarschaft oder der Kirchengemeinde zugänglich gemacht und damit die Einbettung der Kindertageseinrichtung in den Ortsteil verbessert werden (indirekte Form der Öffentlichkeitsarbeit). Zugleich können sich Kontakte zwischen Kindern und anderen Personen ergeben, die sich nutzbringend aufgreifen lassen.

Aufenthaltsräume für Eltern

Selbst wenn sich ein Angebot wie ein Elterncafé (oder eine Teestube) nicht realisieren lässt, ist es sinnvoll, Aufenthaltsräume für Eltern in der Kindertageseinrichtung zu schaffen. Dies können ein separates Zimmer, eine gemütliche Sofaecke (z.B. im Flur oder im Eingangsbereich) oder eine Sitzgruppe im Außengelände sein. Auch dadurch wird den Eltern neu aufgenommener Kinder die Kontaktaufnahme erleichtert bzw. wird generell der Gesprächsaustausch zwischen Eltern gefördert.

Tür- und Angel-Gespräche

Tür- und Angel-Gespräche mit Eltern neu aufgenommener Kinder spielen eine wichtige Rolle in den ersten Wochen des Kita-Jahres. Sie haben zum einen eine *vertrauensbildende Wirkung*: In alltäglichen, oft unwichtig erscheinenden Interaktionen entwickelt sich im Verlauf der Zeit eine tragfähige Beziehung. Insbesondere wenn die Erzieher/innen auf die Eltern zugehen, gewinnen diese den Eindruck, dass die Fachkräfte wirklich an einer Bildungs- und Erziehungspartnerschaft interessiert sind. Zugleich erleben sie, wie ihre Kinder begrüßt bzw. verabschiedet werden, und erkennen, dass eine positive Beziehung zwischen Erzieherin und Kind entstanden ist und Letzteres sich in der Einrichtung wohl fühlt. Das erleichtert den Eltern, von sich aus zur Bildungs- und Erziehungspartnerschaft beizutragen.

Zum anderen ermöglichen Tür- und Angel-Gespräche den *Austausch vieler Informationen*. Beispielsweise sind Eltern am Verhalten ihres Kindes in der Gruppe, seinen Erfahrungen und Entwicklungsfortschritten interessiert, haben sie Fragen zur pädagogischen Arbeit der Fachkräfte. Und die Erzieher/innen benötigen z.B. noch viele

Informationen über die Familie und den Erziehungsstil der Eltern, um Reaktionen des jeweiligen Kindes verstehen zu können.

Aber auch im weiteren Verlauf der Kita-Zeit bleiben Tür- und Angel-Gespräche wichtig, da sie *Teil der Übergabesituation* sind und dem Austausch von Informationen dienen. Sie sind Ausdruck einer lebendigen Kommunikationskultur, ohne die eine Erziehungs- und Bildungspartnerschaft nicht entstehen und aufrechterhalten werden kann. Während des Bringens und Abholens der Kinder sollte deshalb zumindest eine Fachkraft anwesend sein und den Eltern auch ruhig zuhören können – Hektik und Unterbrechungen durch Kolleg/innen sind möglichst zu vermeiden. Die Gesprächskontakte sollten allerdings kurz und *relevant* sein.

Bei Babys, Einjährigen und auch noch bei Zweijährigen kommt den Tür- und Angel-Gesprächen eine besonders große Bedeutung zu, da die Kinder Fragen der Erzieher/innen und Eltern noch nicht (angemessen) beantworten können. So sollte Eltern am Morgen die Möglichkeit geboten werden, kurz über das Verhalten ihres Kindes während der Stunden vor der Betreuung (bzw. am Wochenende) zu berichten. Am Nachmittag bzw. Abend erzählen die Erzieher/innen dann vom Verlauf des Kita-Tages. Dabei sollten sie *auf die Gefühle von Eltern Rücksicht nehmen*, die wichtige Ereignisse im Leben ihres Kindes – das erstmalige Krabbeln, das erste Wort, den ersten Schritt, den ersten vollständigen Satz – nicht miterlebt haben. Auch wenn „niedliche" Anekdoten erzählt werden, muss eine mögliche Enttäuschung der Eltern antizipiert werden, die diese Erlebnisse verpasst haben. Werden hingegen negative Ereignisse berichtet – z.B. dass das Kind ein anderes Kind gebissen hat –, darf den Eltern *kein schlechtes Gewissen gemacht werden*: Die Fachkraft muss verdeutlichen, dass das Kind nicht „böse" ist, sondern sich noch nicht auf eine andere Weise gegenüber einem anderen Kind durchzusetzen wusste.

Wanderungen und Ausflüge

In den ersten Wochen des Kita-Jahres sind weitere Angebote sinnvoll, mit denen sich ein Kennenlernen „neuer" und „alter" Eltern erreichen lässt. Dazu gehören z.B. ein Ausflug oder eine Wanderung am Wochenende, wozu alle Familienmitglieder eingeladen werden.

So können Erzieher/innen auch *mit den Vätern und Geschwistern der betreuten Kinder Kontakt aufnehmen*, die ansonsten nur schwer erreicht werden können. Zudem können interessante *Beobachtungen über das Familienleben und das erzieherische Verhalten der Eltern* gemacht werden. Eine Wanderung oder ein Ausflug verlangt natürlich den Fachkräften die Bereitschaft ab, auch einmal an einem Samstag oder Sonntag zu „arbeiten" – aber die bei solchen Aktivitäten gemachten Beobachtungen und Erfahrungen sind dies wert. Zudem können Wanderungen und Ausflüge von den („alten") Eltern selbst organisiert und gestaltet werden. Dies bedeutet nicht nur, dass für die Erzieher/innen keine Vorbereitungszeit anfällt, sondern auch, dass sie keine Angebote machen und die Kinder nicht beaufsichtigen müssen, sodass sie frei für Beobachtungen und informelle Gespräche mit Eltern sind.

Kennenlernfest

Ein Fest bietet die Möglichkeit, dass die „neuen" Eltern die „alten" Eltern (und die Fachkräfte) kennen lernen. Die Leiterin und die/der Vorsitzende des Elternbeirats begrüßen; dieser kann auch das Fest ausrichten. Besonders schnell ist ein Programm erstellt, wenn die Kinder einbezogen werden. Dann kann gemeinsam gespielt, gesungen und gespeist werden. Das Fest kann auch nur für „neue" Eltern angeboten werden – oder nur für *Väter*. Im letztgenannten Fall werden Männer erreicht, die ansonsten eher selten in der Kindertageseinrichtung anzutreffen sind. Laden ihre Kinder ein und nehmen diese auch an dem Fest teil, werden viele Väter kommen...

Die ersten Elternabende

In manchen Kindertageseinrichtungen wird bereits beim ersten Elternabend der Elternbeirat gewählt. Sinnvoller ist es jedoch, auch diese Veranstaltung dem Kennenlernen „alter" und „neuer" Eltern und dem *Verdeutlichen der Kita-Arbeit* zu widmen. Dann fällt es „neuen" Eltern leichter, sich bei der zu einem späteren Zeitpunkt stattfindenden Elternbeiratswahl für bestimmte Personen zu entscheiden oder gar selbst zu kandidieren.

Der erste Elternabend kann z.B. damit beginnen, dass die Erzieher/innen einige Dias oder Videoaufnahmen vorführen, die neu aufgenommene Kinder „in Aktion" zeigen. Werden die Dias bzw. Kurzfilme dem Tagesablauf entsprechend angeordnet, kann zugleich ein „Tag in der Kindertageseinrichtung" vorgestellt werden. Eine Alternative hierzu ist, wenn Fachkräfte und „alte" Eltern gemeinsam vom vergangenen Kita-Jahr und seinen Höhepunkten berichten. Anschließend kann dann gemeinsam über die Konzeption der Einrichtung gesprochen werden. Auf diese Weise können frühzeitig Missverständnisse ausgeräumt oder deren Entstehung verhindert werden. Falls viele Migrantenkinder die Einrichtung besuchen, sollten die Erzieher/innen in diesem Kontext auch erläutern, wie sie sowohl den spezifischen Bedürfnissen dieser Kinder wie auch denjenigen der deutschen Kinder gerecht werden. Der erste Elternabend sollte mit einem gemütlichen Beisammensein ausklingen, sodass die Eltern genügend Zeit zum Gespräch miteinander haben. Auch können sie dann informell mit den Fachkräften über ihre Fragen, Erwartungen und (ersten) Eindrücke sprechen.

Im Mittelpunkt des zweiten Elternabends steht dann die *Wahl des Elternbeirats*. Die Leiterin kann nach der Begrüßung zunächst einige Worte zur Bedeutung, Funktion und Aufgabe der Elternvertretung sowie zum Wahlmodus sagen. Dies ist eine gute Gelegenheit, um erneut die Wichtigkeit der Bildungs- und Erziehungspartnerschaft sowie der Eltern*mit*arbeit zu betonen. Anschließend bietet es sich an, dass die bisherigen Elternvertreter/innen von ihrer Arbeit im vergangenen Jahr berichten. Dann stellen sich die Kandidat/innen vor, findet die Elternbeiratswahl statt. Um die Attraktivität dieses Elternabends zu erhöhen, sollte er neben der Wahl noch einen *zweiten Schwerpunkt* haben. So kann er z.B. mit einer Ausstellung von *guten* Bilder- bzw. Kinderbüchern, Spielen und Musik-CDs verbunden werden (kann in Abstimmung mit den Fachkräften von einer Buchhandlung organisiert werden), die den Eltern verdeutlicht, mit welchen Medien sie die Entwicklung ihrer Kinder fördern können (familienbildende Funktion eines Elternabends). Die Ausstellung wird mit einigen Worten zur Medienerziehung eröffnet und ermöglicht ein zwangloses Beieinanderstehen und Gespräch.

Termingespräche

Die Monate Oktober und November sind eine gute Zeit für Termingespräche mit Eltern. Dabei wird aktiv auf die Eltern zugegangen, anstatt zu warten, bis Probleme oder Fragen auftreten, auf die reagiert werden muss – die Devise ist hier: *„aktive statt reaktive Elternarbeit."* Immer sollten beide Elternteile eingeladen werden: „Auch wenn die Erziehung der Kinder vom zeitlichen Rahmen her auch heute noch überwiegend in den Händen der Mutter liegt, so hat die Person des Vaters im psychischen Erleben des Kindes häufig einen ähnlich hohen Stellenwert wie die der Mutter. ... Darüber hinaus wird durch die Einbeziehung beider Elternteile sichergestellt, dass beide den gleichen Informationsstand haben und eventuelle offene Fragen oder Differenzen mit der Pädagogin im direkten Kontakt geklärt werden können" (Dusolt 2001, S. 22).

Bei Termingesprächen *zeigt sich am deutlichsten die Bildungs- und Erziehungspartnerschaft*, wenn Erzieherin und Eltern gemeinsam über das Verhalten des jeweiligen Kindes und seine bisherige Entwicklung in Kindertageseinrichtung und Familie sprechen. Dies setzt voraus, dass die Fachkräfte es gezielt beobachtet haben. Auch wird nach Veränderungen in der Familie gefragt, die für die pädagogische Arbeit in der Kindertagesstätte von Bedeutung sein könnten (z.B. Trennung/Scheidung).

Bei neu aufgenommenen Kindern wird zusätzlich *die Eingewöhnungsphase reflektiert*. Auch werden die Eltern gefragt, wie ihrem Eindruck nach das Kind die ersten Wochen in der Kindergruppe erlebt hat und welche Konsequenzen die Kita-Betreuung für das Familienleben zeitigte. Manche Eltern haben in den ersten Wochen des Übergangs ihres Kindes von der Familie in die Kindertageseinrichtung Angst, dass nun ihre Erziehung bewertet würde. So machen sie sich Sorgen, dass sich ihr Kind nicht altersgemäß entwickelt haben könnte oder sich nicht in eine größere Gruppe einpassen kann. Das Termingespräch bietet eine gute Gelegenheit, *auf solche Ängste einzugehen* und die Eltern zu beruhigen. Ihre Erziehungsleistung sollte möglichst anerkannt und gewürdigt werden.

In allen Termingesprächen wird besprochen, ob das jeweilige Kind derzeit besondere Bedürfnisse hat oder ob es irgendwelche

Probleme macht. Dies ist eine gute Gelegenheit, den *Entwicklungs-stand* und Lernstil des Kindes zu bestimmen sowie *gemeinsame Erziehungsziele und -methoden* festzulegen. Ferner kann den Eltern aufgezeigt werden, wie sie die Arbeit der Kindertageseinrichtung – bezogen auf ihr Kind – *unterstützen* können (z.B. durch besondere Aktivitäten mit dem Kind oder bestimmte Spiele). Auf diese Weise wird die Familienerziehung positiv beeinflusst und gleichzeitig die *Bildungs- und Erziehungspartnerschaft* zwischen Eltern und Erzieher/innen intensiviert. Schließlich können noch Fragen der Eltern zur pädagogischen Arbeit beantwortet werden.

Es ist sinnvoll, die Gesprächsergebnisse stichwortartig niederzuschreiben, sodass sie bei späteren Gelegenheiten verfügbar sind. Überhaupt ist es empfehlenswert, wenn die Gruppenleiterin für jedes Kind einen „Akt" anlegt. Dort kann sie Briefkopien, Notizen zu Elterngesprächen und Telefonaten, Beobachtungsprotokolle, (Sprach-)Testergebnisse u.a. sammeln. Die Papiere sind so aufzubewahren, dass den Datenschutzrichtlinien entsprochen wird. Selbstverständlich dürfen auch keine Gesprächsinhalte oder Unterlagen ohne ausdrückliches Einverständnis der Eltern an Dritte (z.B. Kolleg/innen, Lehrer/innen, Fachdienste, Behörden) weitergegeben werden.

Ein wichtiges Ziel: den Übergang erleichtern

Durch die hier genannten Angebote kann Kindern und Eltern die Eingewöhnung in der Kindertageseinrichtung erleichtert werden. Zugleich entsteht eine tragfähige Basis für die Eltern(mit)arbeit, die auf wechselseitiger Offenheit, Vertrauen und Gesprächsbereitschaft beruht. Die Erzieher/innen lernen schnell die Familien der neuen Kinder kennen, „neue" und „alte" Eltern kommen in relativ kurzer Zeit in Kontakt miteinander. Auch wird die pädagogische Arbeit der Kindertageseinrichtung verdeutlicht.

Angebote im weiteren Verlauf des Kita-Jahres

Die im Folgenden beschriebenen Formen der Bildungs- und Erziehungspartnerschaft können weitgehend zu beliebigen Zeitpunkten während des Kita-Jahres praktiziert werden.

Hospitation in der Kindergruppe

Der Öffnung der Kindertagesstätte zur Familie hin dient die Hospitation. Hier können Eltern – mit oder ohne Anmeldung – mehrere Stunden in der Einrichtung verbringen und werden als aktive Teilnehmer in das Geschehen einbezogen. Die Eltern gewinnen einen Eindruck von der pädagogischen Arbeit und dem Alltag in der Kindertagesstätte. *Auch erleben sie ihr Kind in der Gruppe, erkennen ganz neue Seiten an ihm und können es mit gleichaltrigen Kindern hinsichtlich seines Entwicklungsstandes vergleichen.*

Außerdem erhalten Eltern viele Anregungen für das Spiel im häuslichen Bereich. Sie sehen, wie die Fachkräfte mit den Kindern z.B. in Konfliktsituationen umgehen, was eine *modellhafte Wirkung für die Familienerziehung* haben kann. So verändern sie oftmals Aspekte ihres Erziehungsverhaltens durch Nachahmung der Fachkräfte. Indem sie beobachten, wie anspruchsvoll und schwierig die Arbeit mit einer großen Kindergruppe ist, entwickeln sie ein neues Verständnis für die Rolle der Erzieherin und begegnen ihr mit mehr Wertschätzung und Respekt.

Bevor die Möglichkeit der Hospitation in einer Kindertageseinrichtung eingeführt wird, sollte sie ausführlich im Team besprochen werden. Möglichst alle Fachkräfte sollten sie bejahen, da es nach außen hin keinen guten Eindruck macht, wenn z.B. nur zwei Gruppen einer dreigruppigen Kindertageseinrichtung dieses Angebot machen. Dazu müssen oft Ängste abgebaut werden, denn nicht jede Erzieherin ist auf Anhieb bereit, sich von Eltern bei ihrer Arbeit „beobachten" zu lassen und sich als „Verhaltensmodell" anzubieten. Aber auch mit den Kindern sollte diskutiert werden, was sie davon halten, wenn von Zeit zu Zeit einzelne Eltern am Gruppengeschehen teilnehmen würden.

Dann müssen alle Betroffenen gemeinsam „*Regeln*" für Elternbesuche festlegen: Beispielsweise ist zu klären, ob Hospitationen nur nach vorheriger Anmeldung möglich sein sollen oder nicht – im ersten Fall entsteht dann leicht die Erwartung, dass an diesem Tag ein besonderes Programm geboten würde. Die Eltern müssen auch vorab informiert werden, wie sie sich verhalten sollen, dass sie also Spielpartner und nicht „stille" Beobachter oder „Ersatzerzieher" sind.

Ferner sollen sie nicht nur mit ihrem Kind spielen. Es ist sinnvoll, solche Regeln in einem Elternbrief, durch einen Aushang oder bei einem Elternabend vorzustellen. Wird das Angebot kaum angenommen, sollte geprüft werden, ob den Eltern wirklich das Gefühl vermittelt wurde, dass sie in den Gruppen willkommen sind!

Entwicklungsgespräche

In der zweiten Hälfte des Kita-Jahres sollte möglichst ein weiteres Termingespräch mit den Eltern (möglichst mit Vater *und* Mutter) über die Entwicklung und Erziehung ihres Kindes vereinbart werden. Bei unter dreijährigen Kindern sollten im Verlauf des Kita-Jahres hingegen mehrere Termingespräche durchgeführt wird, weil bei ihnen die Entwicklung besonders schnell verläuft und somit häufiger reflektiert werden muss.

Finden solche – durchaus kurze – Besprechungen mit allen Familien statt, dann verlieren Eltern sehr schnell die Angst vor ihnen. Sie erleben die Gespräche als „normal", insbesondere wenn *die Stärken ihrer Kinder im Vordergrund stehen.* Die Dauer der Besprechung sollte so festgelegt werden, dass sowohl die Eltern als auch die Erzieher/innen genügend Zeit haben, die für sie wichtigen Themen anzusprechen. *Es darf keine Seite den Informations- und Erfahrungsaustausch dominieren.*

Wie bei den Termingesprächen im Oktober und November geht es darum, wie das Kind wahrgenommen und sein Entwicklungsstand eingeschätzt wird. Hierzu greifen die Erzieher/innen auf *systematische Beobachtungen und deren Dokumentation, auf Portfolios, Stufenblätter, Bildungsgeschichten und Tests* zurück (siehe z.B. Bostelmann 2007, 2010; Krenz 2009; Leu et al. 2007). Sinnvoll ist, wenn sich auch die Eltern mit Fotos, Kinderzeichnungen oder kurzen Texten über bedeutsame Erlebnisse mit ihrem Kind an dessen Portfolio beteiligen. Manchmal werden sie auch angehalten, daheim ein *Tagebuch* zu führen. Außerdem kann ihnen vor dem Termingespräch ein *Entwicklungsbogen* mitgegeben werden, den sie zu Hause ausfüllen sollen. Ansonsten berichten Eltern mündlich über die Entwicklung ihres Kindes in seiner Familie.

Dann *können die Einschätzungen der Eltern mit denen der Fachkräfte verglichen werden.* Beispielsweise kann besprochen werden, was die Lieblingsaktivitäten des Kindes in Familie und Kindertageseinrichtung sind, wie es bevorzugt lernt, wie es von Erzieherin und Eltern erlebt wird, welche Schwierigkeiten mit ihm auftreten und was für ein Erziehungsverhalten sich in solchen Situationen bewährt hat. In diesem Kontext kann auch über besondere Bedürfnisse, Stärken und Schwächen, Auffälligkeiten, Erziehungsschwierigkeiten u.Ä. oder über mögliche Förderangebote gesprochen werden.

In diesen Gesprächen wird oft deutlich, dass sich ein Kind in Familie und Kindertageseinrichtung unterschiedlich verhält. „Ebenso sollten die Erzieherinnen anerkennen, dass die Eltern eine eigenständige Sichtweise ihres Kindes haben, dass die Eltern-Kind-Beziehung von der Erzieherinnen-Kind-Beziehung verschieden ist, dass die Sichtweise der Eltern auf ihren Einbezug in die Einrichtung und die Elternarbeit möglicherweise eine andere als die der Erzieherinnen ist und dass es gilt, diese im Hinblick auf gelingende Kooperation herauszufinden" (Tietze/Roßbach 1996, S. 255). Die Fachkräfte sollten *die Bedeutung der Eltern als Erzieher ausdrücklich betonen und sie in dieser Rolle bekräftigen.* Auch sollten sie bereit sein, deren Ansichten, Positionen, Einstellungen und Werthaltungen zu akzeptieren oder zumindest zu tolerieren.

Verläuft das Gespräch offen, sieht die Erzieherin schließlich die Lebenswelt „Familie" aus den Augen der Eltern – und umgekehrt. Beide Seiten entwickeln mehr Verständnis für die psychische und soziale Situation des jeweiligen Kindes, aber auch für ihr Gegenüber. Auf dieser Basis können sie besprechen, in welche Richtung sich das Kind entwickeln soll. Erzieher/innen und Eltern sollten *nach Übereinstimmung in den Erziehungszielen, -einstellungen und -methoden trachten* – die in der Regel weitgehend gegeben ist. Falls Unterschiede festgestellt werden, kann geklärt werden, ob beide Seiten mit ihnen leben können oder ein Kompromiss möglich ist. Für das Kind ist es kein Problem, wenn es in Kindertageseinrichtung und Familie unterschiedlich erzogen wird, falls Eltern und Erzieherin dies ihm gegenüber offen ansprechen und einander respektieren.

In der Regel werden aber Eltern und Erzieher/innen übereinstimmen, wie das jeweilige Kind erzogen werden soll. Dann können sie klären, wie sie dabei am besten miteinander kooperieren können. Zum Schluss des Gesprächs können sich Erzieher/innen und Eltern *besondere Ziele für die kommenden Wochen bzw. Monate setzen und über Aktivitäten sprechen, mit deren Hilfe diese erreicht werden können.* Beide Seiten teilen nun bewusst die Verantwortung für die Entwicklung des Kindes und ziehen aus den gewonnenen Erkenntnissen heraus Konsequenzen für die eigene Erziehungstätigkeit.

Solche regelmäßigen Gespräche schaffen eine Vertrauensbasis und bilden die Grundlage der Bildungs- und Erziehungspartnerschaft zwischen Kindertageseinrichtung und Familie. Auch ermöglichen sie es Erzieher/innen, ihre Angebote den Lebenslagen, Bedürfnissen und Wünschen der Familien anzupassen. Zugleich wird dem systemtheoretischen Ansatz Genüge getan, nach dem die kindliche Entwicklung und Erziehung immer in der Gesamtschau aller beteiligten Systeme wie Familie, Kindertageseinrichtung und Schule analysiert werden sollte.

Elternsprechstunde

Eine regelmäßig stattfindende und zeitlich begrenzte Sprechstunde ermöglicht Gespräche, die von der Dauer und Intensität her zwischen Tür- und Angel-Gesprächen einerseits und Termingesprächen andererseits liegen. Auf diese Weise kann der Gesprächsbedarf der Eltern kanalisiert werden: So können z.B. Eltern, die ein Tür- und Angel-Gespräch ausweiten wollen, weil sie Wichtiges mitzuteilen haben oder wissen wollen, auf die Sprechstunde verwiesen werden. Dies „signalisiert den Eltern, dass sich die Erzieherinnen gezielt für ihre Anliegen Zeit nehmen und bewusst einen Rahmen für ein ungestörtes Gespräch anbieten" (Bernitzke/Schlegel 2004, S. 82).

Kommen Eltern ohne Voranmeldung, kann sich die Erzieherin nicht auf das Gespräch vorbereiten. Auch können durchaus mehrere Eltern zur Sprechstunde erscheinen, sodass Wartezeiten anfallen und nur sehr kurze Gespräche möglich sind. Wenn keine Eltern kommen, ist dies weniger ein Problem, da dann die Zeit für Büroarbeiten und Telefonate genutzt werden kann. Dennoch ist es sinnvoll, den Eltern zu empfehlen, sich möglichst für die Sprechstunde anzumelden.

Elternabende

Zwischen Januar und den Sommerferien finden in den meisten Kindertageseinrichtungen weitere Elternabende mit ganz unterschiedlichen Themen statt (zur Gestaltung siehe Lindner 2010). Sie werden gelegentlich auch als *Gruppenelternabende* angeboten, sodass sich die Eltern der jeweiligen Gruppe besser kennen lernen oder ein gruppenspezifisches Thema diskutieren können (z.B. „integrative Erziehung", wenn es in der Kindertagesstätte eine besondere Integrationsgruppe gibt). Auch in sehr großen Einrichtungen sind Gruppenelternabende sinnvoll, da sie zumeist besser besucht werden.

Beispielsweise kann zu Beginn des neuen Jahres ein Elternabend angeboten werden, der dem Verdeutlichen der pädagogischen Arbeit der Kindertageseinrichtung dient. Hier kann man folgendem Prinzip folgen: Auch Eltern sollten (wie ihre Kinder) durch praktisches Tun und Erfahrung lernen. So bietet es sich an, die Eltern in der ersten Stunde des Abends *einen Vormittag in der Einrichtung zeitlich gerafft erleben* zu lassen. Die Gruppenleiter/innen führen „ihre" Eltern durch den Gruppenraum, zeigen die sich dort befindlichen Spielsachen und Materialien, erklären kurz deren Verwendung und pädagogischen Wert (natürlich nur an Einzelbeispielen). Dann wird die „Freispielzeit" eröffnet: Die Eltern finden sich in Kleingruppen in Gruppen- und Nebenräumen zusammen und spielen, basteln oder malen. Sind die ersten Hemmungen überwunden, vergehen die 30 oder 40 Minuten auf dem Bauteppich, im Rollenspielbereich, am Maltisch oder beim Mensch-ärgere-dich-nicht-Spiel wie im Fluge. Die zweite Stunde ist der Reflexion der gesammelten Erfahrungen und der Übertragung auf die Situation der Kinder gewidmet. Erzieher/innen und Eltern diskutieren gemeinsam, wie welche Bereiche der kindlichen Entwicklung durch die ausprobierten Aktivitäten gefördert werden. Dabei wird auch die Bedeutung des Spiels deutlich.

Elterntreffpunkte und Elterngruppen

Elternstammtische werden an Abenden und in der Regel außerhalb der Kindertageseinrichtungen zumeist von den Eltern selbst organisiert; Erzieher/innen können, müssen aber nicht teilnehmen. Auch gibt es kein festes Programm; im Vordergrund stehen Erfahrungsaustausch und „lockere" Gespräche. *Elterngruppen* treffen sich hingegen zumeist in der Kindertagesstätte. Sie können von Erzieher/innen, Eltern oder von außen kommenden Fachleuten (z.B. Erziehungsberatern) geleitet werden, am Nachmittag oder Abend stattfinden, mit oder ohne parallele Kinderbetreuung erfolgen. Zumeist werden für die einzelnen Treffen unterschiedliche Themen vereinbart. Im Gegensatz dazu stehen *Gesprächskreise* in der Regel unter einem bestimmten Thema; alle Teilnehmer/innen sind an dieser besonderen Fragestellung (z.B. „Vereinbarkeit von Familie und Beruf", „Erziehung von Kleinkindern") interessiert. Seltener sind besondere Angebote für Teilgruppen der Elternschaft, also nur für Alleinerziehende, Familien mit Migrationshintergrund oder Väter und ihre Kinder.

Elterngruppen und -gesprächskreise ermöglichen *den Informations- und Erfahrungsaustausch zwischen Eltern.* Da sich diese in vergleichbaren Lebenssituationen befinden, sind sie füreinander kompetente Gesprächspartner. Sie diskutieren über Erziehungsfragen und -probleme sowie darüber, was im konkreten Fall zur Lösung und Entspannung beigetragen hat, welche Erziehungsmaßnahmen erfolglos blieben und was dafür wohl der Grund sein könnte. Auch werden die Entwicklung, die Bedürfnisse, Wahrnehmungen und Verhaltensweisen der eigenen Kinder beschrieben und gemeinsam reflektiert. Es geht also nicht um den Austausch von „Tipps", sondern darum, *das Kind und die eigenen Reaktionen besser zu verstehen.* Die Eltern erleben, dass sie nicht viel „besser" oder „schlechter" als andere in der Kindererziehung sind. So gewinnen sie an Selbstvertrauen.

Feste und Feiern

Ein Angebot der Erziehungspartnerschaft, durch das fast alle Eltern erreicht werden, sind Feste und Feiern. Zu besonders großen Festen können auch die Nachbarschaft, das ganze Dorf bzw. der Stadtteil oder bestimmte Gruppen (z.B. Seniorenclub, Behinderte) eingeladen werden. Dies wäre dann Teil der Öffnung der Kindertagesstätte zum Gemeinwesen hin. Feste *dienen dem gegenseitigen Kennenlernen von Eltern, fördern Beziehungen zwischen Eltern und Fachkräften,* stärken das Wir-Gefühl, machen Spaß und schaffen damit positive

Voreinstellungen gegenüber der Einrichtung. Da bei Festen die Wahrscheinlichkeit besonders groß ist, dass Eltern kommen, die durch andere Angebote der Erziehungspartnerschaft kaum erreicht werden können (z.b. Migranten, sozial schwache Familien), fördern sie auch deren Integration. Vor allem aber sind Feste für die Kinder *Höhepunkte im Kita-Jahr*.

An der Planung, Vorbereitung und Durchführung von Festen können alle Eltern mitwirken. Sie steuern ihre Ideen und Vorschläge bei, stellen (Tisch-) Dekorationen her, gestalten die Räume, kochen und backen (eventuell auch zu Hause), geben Essen und Getränke aus. Noch besser ist es, wenn Eltern darüber hinaus *an der Programmgestaltung teilnehmen*. Sie können z.B. Sketche bzw. kleine Theaterstücke vorspielen, Vorführungen mit Marionetten oder Handpuppen machen, Spiele und Beschäftigungen für Kinder anbieten. Außerdem ist es durchaus möglich, dass einzelne Feiern nur von den Eltern (bzw. dem Elternbeirat) ausgerichtet und somit die Erzieher/innen weitgehend entlastet werden. Bei Festen, die überwiegend von dem Personal und den Kindern gestaltet werden, sollte beachtet werden, dass sie zu keiner „Leistungsschau" der Kindertageseinrichtung verkommen. Auch den Eltern macht es mehr Spaß, wenn sie in Aktivitäten einbezogen werden, also z.B. von den Kindern als Spielpartner für Wettspiele zwischen Erwachsener-Kind-Teams ausgewählt werden, als wenn sie reine Zuschauer sind.

Für Kinder ist es wenig schön, wenn sie beispielsweise bei einem dreijährigen Aufenthalt in der Kindertageseinrichtung dreimal ein gleich oder ähnlich gestaltetes St. Martins-, Weihnachts- und Sommerfest erleben. Interessanter ist es, wenn diese „klassischen" Feste nicht jedes Jahr durchgeführt werden, sondern mit anderen Feiern wechseln. Das können beispielsweise ein Frühjahrs- oder Herbst-, ein Erntedank-, ein Indianer-, ein Ritter-, ein Großeltern-Kind-, ein Wasser-, ein Märchen- oder ein Grillfest sein, aber auch ein türkisches oder russisches Fest (nicht nur bei einem *hohen* Anteil von türkischen oder russlanddeutschen Kindern) oder eine Feier zum Abschluss eines Projekts.

Aber auch „klassische" Feste wie das St. Martins-Fest und die Weihnachtsfeier lassen sich durch die *Einbindung der Eltern* andersartig gestalten. Für ersteres könnten einmal die Eltern die Laternen basteln – nahezu jede Familie wird an dem „Bastelabend" vertreten sein. Das ist eine gute Gelegenheit, um mit den Eltern ein oder zwei Martinslieder einzuüben, die dann bei dem Fest den Kindern vorgesungen werden. Außerdem kann mit ihnen besprochen werden, wie die Adventszeit in der Kindertageseinrichtung gestaltet wird – und wie sie in der Familie verbracht werden könnte. Die Kinder können statt Laternen Tischlichter basteln und bei einem Besuch im nächsten Altersheim den Senioren schenken. Dann haben auch die alten Menschen etwas vom St. Martins-Fest.

Der „Laternen-Bastelabend" kann zur Gründung einer Arbeitsgruppe zur Gestaltung der Weihnachtsfeier genutzt werden. Diese übt dann beispielsweise ein Krippenspiel ein (auch als Schattentheater möglich). Oder die Gruppenmitglieder besprechen mit dem Pfarrer, wie gemeinsam ein *Familiengottesdienst* durchgeführt werden kann und ob hierbei nicht andere „Teile" der Gemeinde einbezogen werden könnten (z.B. Mutter-Kind-Gruppen, Seniorenkreis). Das Ziel ist immer, den Kindern vor Beginn der Weihnachtsferien eine erlebnisreiche Feier zu bieten, die von Eltern, Erzieher/innen, dritten Personen und natürlich den Kindern selbst gemeinsam gestaltet wird.

Wochenendfreizeiten

„Eltern-Kind-Wochenenden dienen dem Aufbau und der Förderung von Kontakten zwischen den Familien und können damit die Grundlage schaffen für das Entstehen eines Zusammengehörigkeitsgefühls nicht nur der Kinder, sondern auch ihrer Familien. Daneben dienen sie natürlich auch der Pflege des Kontakts zwischen den Pädagoginnen und den Eltern. Die Eltern bekommen Anregungen für die sinnvolle Gestaltung ihrer Freizeit und haben die Möglichkeit, in informellem Rahmen auch pädagogische Themen zu diskutieren" (Dusolt 2001, S. 58 f.). Oft entstehen Freundschaften zwischen Eltern, die zu *Familienselbsthilfe* führen können (z.B. Betreuung der anderen Kinder). Aufgrund der zwanglosen Atmosphäre werden häufig auch Familien erreicht, die andere Angebote nicht nutzen.

Wenn Erzieher/innen Eltern-Kind-Wochenenden nicht in ihrer Freizeit durchführen wollen, müssen sie die Zeitfrage mit dem Arbeitgeber regeln oder ein Honorar nehmen, das über Teilnehmergebühren oder Zuschüsse abgedeckt werden kann. Möglichst sollten nicht mehr als 10 Familien teilnehmen, da sonst die Gruppe zu unübersichtlich wird. Das Tagungshaus sollte nicht zu weit entfernt liegen und über mindestens zwei Gruppenräume verfügen. Der Arbeitsaufwand für die Erzieher/innen kann dadurch reduziert werden, dass die Eltern in die Planung und Organisation einbezogen werden und das Programm mitgestalten. Auch sollte deutlich gemacht werden, dass während der Familienfreizeit die Aufsichtspflicht bei den Eltern liegt (außer wenn die eine Fachkraft ein Angebot für die Kinder macht, damit die andere ein bestimmtes Thema in Ruhe mit den Eltern diskutieren kann).

Hausbesuche

In Einzelfällen kommen Eltern nie in die Kindertageseinrichtung – z.B. weil Großeltern oder Nachbarn ihre Kinder bringen und abholen, weil sie in einem weiter entfernt liegenden Dorf wohnen („Buskinder"), kein Auto haben und mit öffentlichen Verkehrsmitteln nicht zu Elternveranstaltungen kommen können, weil sie alleinerziehend und vollerwerbstätig sind sowie an Elternabenden keine Kinderbetreuung organisieren bzw. finanzieren können oder weil sie aufgrund ihres Randgruppenstatus Angst vor der Institution „Kindertageseinrichtung" haben. In solchen Fällen bieten sich Hausbesuche an. Insbesondere sehr *zurückhaltende Eltern oder Randgruppenangehörige sind in der gewohnten Umgebung ihres Heims offener und zugänglicher.* Letztere sind auf die Verschwiegenheit der Erzieher/innen angewiesen, da sie nicht möchten, dass ihre sehr beschränkten Lebensverhältnisse bekannt werden.

Aber auch in anderen Fällen bzw. generell können Hausbesuche erfolgen. Nur sie ermöglichen einen *Einblick in die Wohn- und Familienverhältnisse* des jeweiligen Kindes und führen oft zu *mehr Verständnis für sein Verhalten.* Zudem wird es in der Interaktion mit seinen Eltern und Geschwistern erlebt – oft können nur bei dieser Gelegenheit Väter und Geschwister kennen gelernt werden. Hausbesuche intensivieren die persönliche Beziehung zwischen Erzieherin und Eltern. Die weitaus meisten Eltern – und alle Kinder – *freuen sich über solche Besuche.* Der zeitliche Rahmen sollte aber vorab festgelegt werden. Auch sollten die Erzieher/innen betonen, dass keine „Bewirtung" erwartet wird.

Bei Hausbesuchen wird vor allem über die Lebenssituation des Kindes, seine Entwicklung und Erziehung gesprochen. Ferner werden die Eltern nach ihren Erziehungszielen und -einstellungen, eventuell auch nach der Freizeitgestaltung u.Ä. gefragt. Außerdem können Probleme des Kindes oder Belastungen der Eltern der Gesprächsanlass sein. Jedoch sollte nicht der Eindruck entstehen, dass nur „Problemfälle" zu Hause aufgesucht werden. Ferner sollte sich die Fachkraft genügend Zeit für das Kind nehmen, denn schließlich ist es auch „sein" Besuch. Wenn sie mit den Eltern über das Kind spricht, sollte dieses aber den Raum verlassen.

Elternbildung

Durch Formen der Erziehungspartnerschaft, die eine positive Einflussnahme auf die Familienerziehung zum Ziel haben, soll erreicht werden, dass *seitens der Eltern die kindliche Entwicklung allseitig gefördert und die Arbeit der Kindertageseinrichtung ergänzt wird.* So können Erzieher/innen in *Einzelgesprächen* mit Eltern über die Bedürfnisse ihrer Kinder, entwicklungsfördernde Aktivitäten, Erziehungsziele und -methoden diskutieren, ihr Selbstvertrauen und ihre Kompetenz vergrößern und sie anhalten, ihr Kind viel zu loben und zu ermutigen. In diesen Gesprächen motivieren die Fachkräfte die Eltern, z.B. mit ihrem Kind viel und über verschiedene Themen zu sprechen, ihm oft vorzulesen, alle seine Fragen zu beantworten, ihm viel Freiraum zur Erkundung seiner Umwelt zu lassen und seine Lernmotivation zu stärken. Zunächst müssen aber oft Widerstände bei einzelnen Eltern überwunden werden, die in der Familienerziehung eine private Angelegenheit sehen.

Der *Bedarf an Information und Beratung* scheint besonders groß bei Eltern zu sein, die ein Baby oder ein Einjähriges in der Kindertageseinrichtung haben: Je früher und je länger (von der Stundenzahl her) ein Kind in Tagesbetreuung gegeben wird, umso weniger Zeit bleibt den Eltern, pflegerische und erzieherische Kompetenzen zu entwickeln. Dies gilt vor allem für den Fall, dass es sich um ein Erstgeborenes handelt und somit die Elternrolle erst noch erlernt werden muss. Zudem haben heute – im Gegensatz zu früher – viele junge Erwachsene vor der Geburt ihres ersten Kindes kaum Kontakt zu Babys oder Kleinkindern gehabt, sodass unter Dreijährige für sie im wahrsten Sinne des Wortes „unbekannte Wesen" sind. Erzieher/innen müssen deshalb mehr Zeit für Entwicklungs- und Beratungsgespräche mit ihnen veranschlagen.

Indirekte Elternbildung

Eine indirekte Elternbildung findet in all den Situationen statt, in denen Eltern Erzieher/innen im Umgang mit Kindern beobachten können – also während der Eingewöhnung, beim Bringen und Abholen, während einer Hospitation. Hier können Eltern *am Vorbild der Fachkräfte erfahren, wie man richtig mit Kleinkindern umgeht*, wie man sie versorgt, erzieht und bei ihren Lernaktivitäten begleitet – und *Modelllernen* ist eine besonders effektive Form des Lernens!

Indirekte Elternbildung findet auch statt, wenn Eltern und Kinder zu einem Spiel- oder Bastelnachmittag eingeladen werden, wobei solche Veranstaltungen wegen der immer häufiger werdenden Erwerbstätigkeit beider Eltern vorwiegend am Wochenende angeboten werden müssen. Hier lernen Eltern nicht nur am Vorbild der Erzieher/innen, sondern auch durch die Beobachtung anderer Eltern. Da sie in ihren Aktivitäten mit den Kindern angeleitet werden, eignen sie sich zugleich neue Spiele und Methoden an.

Oftmals werden direkte Formen der Elternbildung mit indirekten verbunden: So können Eltern z.B. während der Hospitation oder an einem Spielnachmittag *Beobachtungsaufträge* bekommen: „Womit spielt mein Kind? Wie hat es versucht, mich in sein Spiel einzubinden? Konnte ich ihm neue Spielideen vermitteln?" In einem kurzen Gespräch nach der Hospitation werden dann die gemachten Beobachtungen besprochen und Fragen der Eltern beantwortet. Nach einem Spiel- oder Bastelnachmittag bietet sich hingegen eine Gruppendiskussion an. Hier können Eltern auch gezielt über bestimmte Themen informiert werden – z.B. über die Sprachentwicklung unter Dreijähriger, über das Malen von Kopffüßlern oder über die Förderung motorischer Aktivitäten.

Familienbildung

Das „klassische" Angebot für Eltern, die ihr pädagogisches Wissen erweitern und ihre Erziehungskompetenzen verbessern wollen, ist die *Familienbildung*. Durch sie soll erreicht werden, dass Eltern

1. ihr Wissen über die Entwicklung, Pflege und Erziehung von Kindern erweitern,
2. Beobachtungsfertigkeiten entwickeln, sodass sie die (Entwicklungs-) Bedürfnisse ihres Kindes erkennen,
3. gute Erziehungsmethoden einsetzen, sodass positive Verhaltensweisen verstärkt und Erziehungsprobleme vermieden werden,
4. ihrem Kind absichtlich Lernerfahrungen im Gespräch, im Haushalt oder im Spiel vermitteln sowie
5. einen dem Alter ihres Kindes entsprechenden Sprachstil verwenden und seine Kommunikationsfertigkeiten fördern.

In Kindertageseinrichtungen können Angebote der Familienbildung (1) von den Erzieher/innen selbst, (2) in Kooperation mit Dritten oder (3) durch Dritte durchgeführt werden – also z.B. durch Mitarbeiter/innen von Familienbildungsstätten, Erwachsenbildungseinrichtungen, Beratungsstellen oder Jugendämtern, aber auch durch freiberuflich tätige Psychologen, Ärzte oder Fortbildner.

Traditionell werden Erziehungsfragen auf *Elternabenden* behandelt. Die Erzieher/innen halten entweder selbst ein Referat oder laden einen Referenten ein. Die Themen beziehen sich z.B. auf das Setzen von Grenzen, das Verhalten bei Eltern-Kind-Konflikten, den Umgang mit Aggressionen oder die Medienerziehung. Da Vorträge immer weniger nachgefragt werden, gehen Kindertageseinrichtungen dazu über, Elternabende als *Gesprächskreise* zu gestalten, bei denen – nach einem einführenden Statement einer Erzieherin – der (angeleitete) Meinungs- und Erfahrungsaustausch zwischen den Eltern im Vordergrund steht. Oft wird von Kleingruppenarbeit, Selbsterfahrungselementen und der Diskussion von Fallbeispielen Gebrauch gemacht.

Im Rahmen eines Elternabends kann z.B. erarbeitet werden, wie Eltern ihre Kinder zu Hause bewusst und direkt fördern können. Es gibt im Familienalltag nämlich ganz viele Lernmöglichkeiten, die Eltern nur nutzen müssten und bei denen ihnen keine Kosten entständen. Zudem müssen sie dafür nur ganz wenig Zeit und Energie aufwenden. Bei der Suche nach solchen Lernmöglichkeiten bietet es sich an, von verschiedenen Kompetenzbereichen – analog zu den Bildungsplänen – auszugehen. Für jeden Bereich werden dann „bildende" Aktivitäten gesammelt und diskutiert. Diese können in einer Tabelle zusammengefasst werden:

Kompetenzen	Aktivitäten im Familienalltag
Feinmotorik	Kind häufig zum Malen und Basteln anhalten Brotschmieren Abwaschen und Abtrocknen Kochen und Backen sich selbst Anziehen
Grobmotorik	Kinder beim Hausputz und bei der Gartenarbeit einbeziehen Wege möglichst zu Fuß zurücklegen, mit spielerischen Elementen verbinden (nicht auf die Fugen zwischen den Platten treten, auf Mauern balancieren) Schwimmen „Abenteuertage" im Wald
mathematische Kompetenzen	gewaschene Socken sortieren (10 Kindersocken bilden einen kleineren Stapel als 8 Erwachsenensocken: „mehr" ist nicht gleich „größer"!) Bauklötze nach Größe und Farbe ordnen Abzählen der Finger, der Schritte, der (blauen) Autos usw. Tisch decken lassen Abfolgen erfragen (z.B. „Was kommt zuerst in den Kochtopf bei...")
sprachliche Kompetenzen	viel mit dem Kind reden: Sprache lernt man nur über das Sprechen! zuhören, wenn Kind etwas erzählen will darauf achten, dass Kinder Gegenstände und Aktivitäten mit dem richtigen Wort bezeichnen Fernsehkonsum beschränken, da sonst geringerer Wortschatz, schlechtere Grammatik, weniger Erzählfähigkeit... (offene) Fragen stellen, die längere Antworten verlangen

Literacy	dialogorientierte Bilderbuchbetrachtung Vorlesen/Erzählen von Geschichten, Märchen und Sagen Kinder frühzeitig mit dem Schreiben vertraut machen, indem man vor deren Augen etwas aufschreibt, etwas tippt, eine SMS eingibt usw.
musische/ künstlerische Fähigkeiten	gemeinsam singen, summen, Rhythmen klatschen auf langen Autofahrten Lieder-CD einlegen und mitsingen Malen, Basteln, Tonen usw.
Gedächtnis/ Wissen	die Fragen der Kinder beantworten, Dinge genau erklären Ausräumen der Spülmaschine Memory spielen Naturerfahrungen ermöglichen Sammlungen anlegen
Konzentration	Zahl der Spielsachen im Kinderzimmer reduzieren (und dafür häufiger einzelne Spielsachen austauschen) Kind ermutigen, bei Schwierigkeiten nicht gleich aufzugeben, sodass es Ausdauer entwickelt
soziale Kompetenzen	Vorbild der Eltern: soziale Kontakte pflegen, Konflikte verbal lösen, kompromissbereit sein häufig Kinder einladen Kind Erfahrungen in größeren Gruppen vermitteln Rollenspiele fördern, sich an diesen selbst beteiligen
Selbständigkeit	Kind so früh so viel wie möglich selbst machen lassen (Anziehen, Zähneputzen, Waschen usw.) Kind Aufgaben (und damit Verantwortung) übertragen
Sekundärtugenden	Vorbild der Eltern: anderen Menschen gegenüber höflich, freundlich, taktvoll, hilfsbereit, tolerant usw. sein; das Kind ausreden lassen; sich bei ihm entschuldigen, wenn man einen Fehler gemacht hat klare Strukturen zu Hause schaffen: feste Essens- und Schlafzeiten, Regeln usw. nicht alle Wünsche des Kindes erfüllen, sodass es Frustrationstoleranz entwickelt
Selbstbild/ Selbstvertrauen	Kind wann immer gerechtfertigt loben eigene Leistungen des Kindes anerkennen dem Kind bewusst machen, dass es etwas Neues gelernt hat das Kind nicht überbehüten, sondern auch einmal Risiken eingehen lassen Erfolgserwartung fördern eine optimistische Einstellung mitgeben

Erziehungsfragen werden traditionell auch in *Elternbriefen* behandelt. Fühlen sich Eltern von einem Thema besonders angesprochen, können sie es zur intensiveren Diskussion für einen Elternabend vorschlagen oder um seine Erörterung während eines Termingesprächs bitten. Da die Erstellung von Elternbriefen recht zeitaufwändig ist und zumeist nur kurze Artikel veröffentlicht werden können, gehen manche Kindertageseinrichtungen dazu über, eine Elternsitzecke, ein Elterncafé oder eine Elternbücherei einzurichten. Hier werden *Erziehungsratgeber, Elternzeitschriften, elternbildende Broschüren und Programme von Familienbildungsstätten* ausgelegt bzw. zur Ausleihe angeboten, in denen wichtige entwicklungspsychologische und frühpädagogische Erkenntnisse verständlich vermittelt oder leicht durchzuführende Aktivitäten beschrieben werden, mit deren Hilfe Eltern die kindliche Entwicklung fördern können. Ferner können Erzieher/innen Poster aufhängen, die Eltern über wichtige Entwicklungsschritte von Babys, Ein- und Zweijährigen informieren.

Noch besser ist es, wenn Eltern auch pädagogisch wertvolle Bilder- und Vorlesebücher, Kinderspiele und Musik-CDs ausleihen können. Mancherorts gibt es außerdem Vitrinen mit Alltagsgegenständen wie z.B. Sanduhren, Balkenwaagen, Sieben, Kreiseln, Gießkannen, Steinsammlungen oder unterschiedlich großen Dosen, die von den Eltern mitgenommen und zu Hause mit ihren Kindern erforscht werden können (Elschenbroich 2012). *So wird Bildung in die Familien „exportiert".*

Familienbildende Angebote von Dritten

Darüber hinaus können Erzieher/innen mit Erziehungs-, Ehe-, Drogen- und anderen Beratungsstellen kooperieren und deren Mitarbeiter/innen bitten, Einzelveranstaltungen, Gesprächskreise oder Elternberatung an ihrer Kindertageseinrichtung anzubieten. Relevante Angebote können beispielsweise sein:

1. *Elternkurse*, in denen nicht nur Wissen über die Erziehung und Bildung von Kindern in der Familie vermittelt wird, sondern auch Kompetenzen gefördert werden. Die meisten Elterntrainings wollen *generell* die Erziehungskompetenz

von Eltern stärken; andere Kurse befassen sich hingegen mit besonderen Problemen wie z.B. Eltern-Kind-Konflikten. Elternkurse laufen in der Regel nach einem vorgegebenen Programm ab (z.B. „Triple P", „STEP", „Starke Eltern – starke Kinder"). Zumeist werden sie von entsprechend ausgebildeten Fachleuten durchgeführt, die bestimmte Arbeitsbücher oder andere schriftliche Materialien einsetzen. Die Kurse enthalten oft Elemente eines Elterntrainings (z.B. Rollenspiele, Übungen zur Gesprächsführung, „Hausaufgaben").

2. *Elterngruppen*, die über einen längeren Zeitraum bestehen, jede Woche oder jede zweite stattfinden und in der Regel maximal 20 Teilnehmer/innen haben. Es werden entweder die von den Eltern eingebrachten Erziehungsfragen diskutiert oder die Themen des jeweiligen Treffens werden vorab angekündigt. Im Mittelpunkt stehen der Gesprächsaustausch zwischen den Eltern und die wechselseitige Beratung. Dies setzt ein Gruppenklima des gegenseitigen Vertrauens voraus – und die Vertraulichkeit der Gesprächsinhalte. Bei entsprechender Qualifikation der Gruppenleitung können auch die gefühlsmäßigen Grundlagen der Eltern-Kind-Beziehung und die emotionale Situation der Eltern thematisiert werden.

3. *Einzelveranstaltungen für Eltern*, z.B. zum Thema „Wie bereite ich mein Kind auf den Übergang von der Kita zur Grundschule vor?"

4. *Gemeinsame Fortbildung von Erzieher/innen und Eltern*, z.B. zum Thema „Kommunikation und Konfliktlösung"; ein Baustein könnten Techniken der Gesprächsführung sein.

5. *Pädagogische Workshops für Eltern* (z.B. „Wie können Eltern die kindliche Entwicklung fördern?").

6. *Wochenendfreizeiten* mit familienbildenden Inhalten: Bei jüngeren Kindern stehen neben Elterngesprächskreisen gemeinsame Aktivitäten im Mittelpunkt.

7. *Angebote für besondere Zielgruppen:* Für Migrant/innen können z.B. Veranstaltungen zur bilingualen Erziehung (aber auch Sprachkurse) durchgeführt, für Eltern mit Erziehungsproblemen und für Scheidungsfamilien Beratungsangebote gemacht sowie für Eltern mit behinderten Kindern Selbsthil-

fegruppen initiiert werden. Bei Kindertageseinrichtungen in sozialen Brennpunkten oder mit einem hohen Migrantenanteil sind Kooperationsveranstaltungen mit dem Allgemeinen Sozialdienst, Sozialberatungsstellen, der Schuldnerberatung oder dem Sozialamt sinnvoll.

Solche Angebote werden – wie bereits erwähnt – in erster Linie durch entsprechend ausgebildete Fachleute im Rahmen von deren dienstlichen Aufgaben oder auf Honorarbasis durchgeführt. Die Kindertageseinrichtung muss also solche Angebote *nur organisieren*, wobei sie in der Regel auf die Unterstützung von Familienbildungsstätten, Volkshochschulen oder Jugendämtern zurückgreifen kann. Deren Mitarbeiter/innen kennen in der Regel erfahrene Kursleiter/innen und Referent/innen; oft können sie auch die Kosten für die Veranstaltungen oder einen Teil derselben übernehmen.

Mediale Elternarbeit

Um berufstätige und weiter entfernt lebende Eltern, die oftmals nur schwer erreichbar sind, über die Entwicklung ihrer Kinder zu informieren, können Kindern gelegentlich *Notizen mit nach Hause* gegeben werden. Diese enthalten z.B. Informationen über besondere Leistungen des jeweiligen Kindes, neue Entwicklungsschritte oder lustige Ereignisse. Auch können Fotos beigefügt werden. Alternativ kann ein *Mitteilungsheftchen* angelegt werden, dass das jeweilige Kind mit nach Hause nimmt und wieder zurückbringt, sodass auch die Eltern Botschaften an die Erzieher/innen oder Kommentare zu deren Bemerkungen eintragen können.

Entwicklungstagebuch

Erzieher/innen können für jedes Kind ein Tagebuch führen, in das immer wieder Notizen über besondere Aktivitäten, Leistungen des Kindes und Probleme eingetragen werden. Dies kann z.B. während des Mittagsschlafes der Kinder geschehen. Die Tagebücher können von den jeweiligen Eltern ausgeliehen werden. Ansonsten dienen sie als Grundlage für Termingespräche, da sie einen Überblick über den

Entwicklungsverlauf des Kindes beinhalten. Sie können auch Teil eines Portfolios sein.

Elternbriefe/Newsletter

Elternbriefe und über das Internet versandte Newsletter ermöglichen es, *alle* Eltern zu erreichen, um sie z.b. über die pädagogische Arbeit der Kindertageseinrichtung oder über besondere Aktivitäten wie Projekte, Ausflüge oder Feste zu informieren. Auch können allgemeine Erziehungsfragen angeschnitten werden, mit denen sich Eltern beschäftigen (z.B. „Wie gehe ich mit einem trotzigen Kind um?"). Ferner kann auf aktuelle Ereignisse (z.B. Krieg in ...) eingegangen werden, bei denen unklar ist, wie Kinder auf sie reagieren oder inwieweit sie Verarbeitungshilfen benötigen. Die Erzieher/innen können Aktivitäten vorgeschlagen, die die Eltern mit ihren Kindern zu Hause durchführen und damit die pädagogische Arbeit der Kindertageseinrichtung ergänzen können (z.B. Vorlesen bestimmter Bücher, Besuch im Museum). Schließlich kann durch Anekdoten, kurze Erlebnisberichte u.Ä. Zugang zu den Gedanken und Gefühlen von (Klein-) Kindern eröffnet werden.

Natürlich dürfen in den Elternbriefen bzw. Newslettern auch Ankündigungen von Veranstaltungen und andere Hinweise nicht fehlen. Alle Beiträge sollten gut verständlich und in Schriftdeutsch verfasst sein (wobei aber z.B. Aussagen der Kinder durchaus in Mundart abgedruckt werden können). Auch können Eltern (-beiräte) in die Erstellung der Elternbriefe und Newsletter eingebunden werden.

Wochenpläne und Tagesberichte

Ein guter Einblick in die pädagogische Arbeit der Kindertageseinrichtung kann auch dadurch vermittelt werden, dass Wochenpläne vor den Gruppenräumen ausgehängt werden. Insbesondere beim Arbeiten nach dem Situationsansatz werden Wochenpläne aber oftmals nicht „erfüllt", da Situationen aufgetreten sind, die andere Aktivitäten sinnvoller machten. Hier bietet sich als Alternative an, Tages- oder Wochenberichte auszuhängen. Dies sind gute Möglichkeiten, die Arbeit der Einrichtung transparent zu machen. Auch werden durch sie Tür- und Angel-Gespräche angeregt.

Fotowand/Ausstellungen/Videoaufnahmen

Einen Einblick in den Kita-Alltag bietet eine Fotowand, wenn die Bilder einen Eindruck von den pädagogischen Aktivitäten und Projekten vermitteln. Sie sollten häufig ausgetauscht werden, damit das Interesse der Eltern erhalten bleibt. Können Fotos erworben werden, lassen sich die Unkosten decken; den Verkauf kann z.B. der Elternbeirat übernehmen.

Wurde z.B. ein umfassendes Jahres- oder Monatsthema oder ein längerfristiges Projekt abgeschlossen, können die Ergebnisse im Rahmen einer Ausstellung von Bildern und Bastelarbeiten der Kinder sowie von Fotos und kurzen Texten der Erzieher/innen präsentiert werden.

Ohne großen Aufwand können heute Videoaufnahmen gemacht, auf den Computer übertragen, bearbeitet und an Elternabenden gezeigt werden. Filmausschnitte dokumentieren besser als das gesprochene Wort oder als Texte den Tagesablauf in der Kindertageseinrichtung, die pädagogische Arbeit bzw. den Verlauf von Projekten und besonderen Aktivitäten. So wird für Eltern öffentlich, was in den Gruppen- und Funktionsräumen passiert.

Videoaufnahmen können auch bei Elterngesprächen gezeigt werden. Auf diese Weise können z.B. die Reaktionen des jeweiligen Kindes während der Eingewöhnungsphase, besondere Begabungen, Entwicklungssprünge bzw. -verzögerungen oder Verhaltensauffälligkeiten verdeutlicht werden.

Schwarzes Brett

Jahrespläne, Einladungen zu Veranstaltungen, Hinweise auf mitzubringende Gegenstände, Bitten um die „Spende" bestimmter Materialien u.Ä. können am „schwarzen Brett" der Kindertageseinrichtung angebracht werden, das im Eingangsbereich einen guten Platz hat – oder bei der Elternsitzecke, sofern alle Eltern dort beim Bringen und Abholen der Kinder vorbeikommen. Ein Teil des „schwarzen Bretts" oder eine separate Pinnwand kann auch von den Eltern bzw. dem Elternbeirat gestaltet werden. Ferner bietet es sich an, hier Zeitungsartikel, Hinweise auf Bücher und Broschüren, Veranstaltungstermine, Listen von Beratungsstellen und psychosozialen Diensten u.Ä. auszuhängen – also Informationen, die für (manche) Eltern interessant sind, aber nicht direkt die Arbeit der Einrichtung betreffen. Nicht unterschätzt werden sollte *die familienunterstützende Funktion von Aushängen über familienpolitische (finanzielle) Leistungen oder von Beratungsangeboten.* Eltern in besonderen Lebenslagen können sich dann ungestört – und ohne Fragen stellen zu müssen – informieren.

Homepage/Newsletter

Immer mehr Kindertageseinrichtungen präsentieren sich nach außen hin mit einer eigenen Homepage. Eltern, die nach einem Kita-Platz suchen, finden hier wichtige Informationen wie z.B. die pädagogische Konzeption, die Öffnungszeiten oder die Elternbeiträge.

Eine Homepage kann aber auch zur Kommunikation mit den Eltern der angemeldeten Kinder genutzt werden. So können hier aktuelle Informationen (auch seitens des Elternbeirats), Hinweise auf Elternveranstaltungen, Kurzberichte über deren Verlauf u.v.a.m. eingestellt werden. Auf diese Weise werden z.B. Eltern erreicht, die nicht zu den Terminen kommen konnten.

In unregelmäßigen Abständen kann allen Eltern mit E-Mail-Adresse ein *Newsletter* zugeschickt werden. Dies ist viel preiswerter und weniger arbeitsaufwändig als das Erstellen von Elternbriefen. Newsletterprogramme ermöglichen ein ansprechendes Layout sowie die Einbindung von Fotos und anderen Abbildungen.

Elternbibliothek

Wie bereits erwähnt, können in einer Elternbücherei Erziehungsratgeber, Elternzeitschriften, Bücher über Spiele und andere Aktivitäten mit Kleinkindern, Bastelanleitungen und Beratungsführer zur Ansicht oder Ausleihe eingestellt werden. Ferner sollten einige Bücher, in denen allgemein über die Arbeit von Kindertageseinrichtungen informiert wird, vorhanden sein, und natürlich der Bildungsplan des jeweiligen Bundeslandes und einige Exemplare der Konzeption. Sinnvoll ist, wenn auch Bilder- und Kinderbücher, Musikkassetten und Spiele ausgeliehen werden können. Durch die Auswahl pädagogisch wertvoller Materialien und das Einstellen guter Elternratgeber kann indirekt *Einfluss auf die Familienerziehung* ausgeübt werden.

Eltern und andere Personen können um (Buch-) Spenden für die Bibliothek gebeten werden. Auch kann in der Einrichtung eine Liste oder ein Plakat mit Kurzbeschreibungen von Medien ausgehängt werden, die die Erzieher/innen gerne für die Bücherei anschaffen möchten. Die Eltern haben dann die Möglichkeit, eine dieser Bitten zu erfüllen und das Buch, die CD oder das Spiel – eventuell mit einer Widmung versehen – der Einrichtung zu schenken. Natürlich kann auch eine Ausleihgebühr verlangt werden und aus diesen Mitteln der Bestand ergänzt werden. Die Ausleihe selbst sollte einmal pro Woche während der Bring- und Abholzeit erfolgen und von den Eltern selbst bzw. dem Elternbeirat organisiert werden.

Ferner kann in der Elternbibliothek, aber auch z.B. bei der Elternsitzecke, eine *„Artikelbox"* aufgestellt werden. Dies kann ein Gestell mit Hängemappen sein, in die Kopien von Zeitschriftartikeln über (Kleinkind-) Erziehung, Familienleben, Beschäftigungen mit Kindern usw. (nach Themenbereichen geordnet) eingelegt werden. Die Eltern können die Artikel vor Ort überfliegen, ausleihen oder bei großem Interesse behalten (für den letztgenannten Fall sollten immer mehrere Kopien gemacht werden). Auch auf diese Weise kann Einfluss auf die Familienerziehung ausgeübt werden.

Anzumerken ist noch, dass die Materialien in der „Artikelbox" – wie auch Anschläge am „schwarzen Brett" oder ausgelegte Broschüren – immer wieder ausgetauscht, ergänzt und aktualisiert werden müssen. Nur so bleibt das Interesse auf Seiten der Eltern erhalten, werden sie immer wieder nach etwas Neuem Ausschau halten.

Angebote für besondere Zielgruppen

Gibt es in einer (großen) Kindertageseinrichtung z.B. viele Alleinerziehende, Migrantenfamilien oder Arbeitslose, ist es oftmals sinnvoll, für sie (gruppenübergreifend) besondere Angebote zu machen.

64

Beispielsweise kann in *Gesprächskreise*n der Erfahrungsaustausch und die wechselseitige Unterstützung Betroffener gefördert werden. Häufig sind auch eher informative *Einzelveranstaltungen* angebracht, z.B. seitens der Frauenbeauftragten der Kommune, des Ausländeramtes, des Allgemeinen Sozialdienstes oder einer Beratungsstelle. Vereinzelt lassen sich sogar *Sprachkurse* für Migranteneltern in der Kindertageseinrichtung organisieren, die z.B. von Referent/innen der Volkshochschule durchgeführt und von dieser finanziert werden. Nehmen nur Frauen teil, ist dies oft die einzige Möglichkeit für Mütter aus streng islamischen Familien, systematisch die deutsche Sprache zu erlernen.

Familienselbsthilfe kann seitens der Kindertageseinrichtung erleichtert werden, indem beispielsweise den Eltern erlaubt wird, am „schwarzen Brett" Hinweise auf ihre Babysitterdienste oder Angebote von „Second-Hand-Kleidung", gebrauchtem Spielzeug oder anderen Gegenständen anzubringen. Auch *Flohmärkte* und Basare können eine gewisse Entlastung bieten.

Aufgrund des anderen soziokulturellen Hintergrunds und häufiger Sprachprobleme ist es für Erzieher/innen eine besondere Herausforderung, mit zugewanderten Eltern eine Erziehungs- und Bildungspartnerschaft einzugehen (s.u.).

Eine weitere große Herausforderung ist die *Einbeziehung von Vätern* – in den meisten Kindertageseinrichtungen ist Elternarbeit weiterhin in erster Linie *Mütter*arbeit. In diesem Buch wird immer wieder für eine Einbeziehung der Väter in Anmelde-, Entwicklungs- und Beratungsgespräche sowie in andere Aktivitäten plädiert. Aber auch besondere Angebote *nur* für Väter sind sinnvoll (siehe hierzu Textor 2018).

Fazit

Dieses Kapitel darf keinesfalls als ein Leitfaden verstanden werden, wie die Elternarbeit im Verlauf eines Kita-Jahres gestaltet werden soll. Vielmehr sollten möglichst viele Formen der Erziehungs- und Bildungspartnerschaft vorgestellt werden. Es ist selbstverständlich für die einzelne Kindertageseinrichtung weder sinnvoll noch möglich, ein so vielfältiges Angebot zu gewährleisten: Sie muss aus der

Vielzahl der Möglichkeiten diejenigen auswählen, die dem Bedarf der Eltern, den Vorgaben des jeweiligen Bildungsplans und den pädagogischen Zielen am besten entsprechen. Zumeist muss das Angebot nicht quantitativ ausgeweitet werden, sollte aber *überprüft, ergänzt und eventuell qualitativ verbessert werden*. Durch ein „abwechslungsreicheres" Programm können oftmals mehr Eltern erreicht und ihren Bedürfnissen besser entsprochen werden. Zugleich wird die Arbeit der Erzieher/innen interessanter und kreativer, wird ihre Kooperation mit den Eltern intensiver.

Einbindung von Eltern

Die pädagogische Arbeit in der Kindertageseinrichtung bietet viele Chancen, Eltern einzubinden. Zunächst können sie durch *Hospitationen* die Abläufe in den Kindergruppen kennen lernen: Nach Voranmeldung nimmt eine Mutter oder ein Vater am Kita-Alltag teil, und zwar nicht als Beobachtende/r, sondern als Mitwirkende/r – der Elternteil spielt mit den Kindern in der Freispielzeit, macht bei Aktivitäten mit, beteiligt sich an Gesprächen. Viele Eltern reizt dieses Angebot, weil sie auf diese Weise den Kita-Alltag „hautnah" miterleben können. So sind manche durchaus bereit, hierfür einen (halben) Tag Urlaub oder Zeitausgleich zu nehmen.

Mancherorts werden auch *Eltern-Kind-Tage* durchgeführt: An dem jeweiligen Tag sind alle Eltern eingeladen, in der Tageseinrichtung mit den Kindern bestimmte Aktivitäten durchzuführen (z.B. Bau von Weidentipis, Anlegen einer Kräuterschnecke). Häufiger sind *Spiel- bzw. Bastelnachmittage*, durch die Eltern ebenfalls einen Einblick in die pädagogische Arbeit gewinnen. Aber auch die Kindergruppe kann an Eltern herantreten, um sie zu einzelnen Aktivitäten in die Kindertageseinrichtung einzuladen (z.B. als fachkundige Gesprächspartner oder als Begleiter bei Exkursionen).

Mithilfe bei Aktivitäten

Insbesondere wenn Eltern den Kita-Alltag bereits kennen gelernt haben und daran interessiert sind, häufiger in die Einrichtung zu kommen, können sie bei „ganz normalen" Aktivitäten der Kindergruppe bewusst eingebunden werden. In der folgenden Tabelle finden sich einige Beispiele (vgl. DiNatale 2002), die hier nur stellvertretend für eine Vielzahl weiterer Möglichkeiten stehen.

Möglichkeiten der Beteiligung von Eltern	
Malen	in der Malecke Kindern assistieren
	benötigte, von den Kindern aber nicht erreichbare Utensilien holen
	mit Kindern über ihre Kunstwerke sprechen
	den Namen der Kinder unter die Bilder schreiben

Basteln/Werken	Helfen beim Umgang mit Scheren und Klebstoff mit Kindern Perlen aufreihen, Papier falten usw. Unterstützen von Kindern im Umgang mit Werkzeug Aufpassen, dass Kinder sich nicht verletzen Herstellen von Requisiten für das Puppentheater
Musik	Singen/Einüben von Liedern interessierten Kindern ein Musikinstrument vorstellen mit Kindern tanzen zu Hause Kassetten mit Musik bespielen
Spiele	mit Kindern Bauwerke erstellen; aufpassen, dass nicht die Bauten anderer Kinder umgestoßen werden Beteiligung an Tischspielen, falls von den Kindern gewünscht zu Hause Puppen oder Spielsachen herstellen oder reparieren
Rollenspiel	Beteiligung an Rollenspielen neue Rollen und Themen einführen mit Kindern den Rollenspielbereich auf ein bestimmtes Thema bezogen ausstatten zu Hause Kleidung für den Rollenspielbereich nähen
Medienerziehung	Kindern ein Bilderbuch vorstellen mit Kindern über ihre Lieblingsbücher sprechen Märchen und Geschichten erzählen/vorlesen Kindern am Computer assistieren zu Hause Kassetten mit selbst vorgelesenen Geschich- ten bespielen
Naturwissen- schaften	mit einigen Kindern experimentieren oder bei Experi- menten assistieren Kinder auf Naturphänomene aufmerksam machen, mit ihnen über Tiere, Insekten und Pflanzen sprechen Kinder vor Störungen durch andere schützen, wenn sie sich z.B. alleine mit Montessori-Material beschäftigen
Mathematik	Anleiten von Kindern beim Zählen, Sortieren und Vergleichen von Objekten Eigenschaften wie größer – kleiner, schwerer – leichter miteinander in Beziehung setzen
Sprache	mit einzelnen Kindern/Kleingruppen Gespräche führen neue Begriffe einbringen mit Kindern über die Bedeutung von Wörtern sprechen Kindern eine Fremdsprache vorstellen Fingerspiele, Gedichte oder Reime einführen

Freispiel (drau-ßen)	den Kindern beim Anziehen von Mänteln, Schuhen usw. helfen mit Kindern Fangen oder Verstecken spielen, ihnen einen Ball zuwerfen usw. mit Kindern im Sandkasten spielen
Mahlzeiten	Kindern beim (Ab-) Decken des Tisches helfen mit Kindern kochen (auch ausländische Gerichte) und backen Herrichten eines gesunden Frühstücksbuffets für die Kinder (regelmäßig/einige Male pro Monat)
usw.	usw.

Die Rolle der Eltern als Mitwirkende lässt sich sogar noch erweitern. Beispielsweise kann ihnen die *Aufsicht* über eine kleinere Gruppe von Kindern übertragen werden, mit denen sie im Nebenraum oder Flurbereich spielen. Dies ermöglicht einer Fachkraft, sich beispielsweise aus der Gruppe zurückzuziehen (in der die andere Mitarbeiterin verbleibt) und die Zeit für Vorbereitungsarbeiten, Elterngespräche oder Hausbesuche zu nutzen.

Die Anwesenheit von Eltern im Tagesverlauf kann natürlich auch dazu führen, dass die pädagogische Arbeit der Erzieher/innen hinterfragt wird. Jedoch sollte eine solche „Kritik" nicht als „Einmischung" abgelehnt oder als „Angriff" verstanden werden, der nun mit einer längeren „Verteidigungsrede" erwidert werden muss. Viel sinnvoller ist es, solche Gespräche zu nutzen, *um die Konzeption, Erziehungsziele, Grundsätze der Frühpädagogik, mit bestimmten Aktivitäten verbundene Lernerfahrungen, das eigene Verhalten u.Ä. zu erläutern.* Auf diese Weise erwerben Eltern entwicklungspsychologische und pädagogische Kenntnisse. Es sollte aber auch die eigene Arbeit kritisch überprüft werden – insbesondere dahingehend, ob wirklich der Lebenslage, den Charakteristika und Bedürfnissen der Kinder und Eltern entsprochen wird. Ferner können besonders interessierte Eltern z.B. *an der Konzeptionserstellung oder an der Planung von Projekten beteiligt* werden und auf diese Weise einen Teil der Verantwortung für die pädagogische Arbeit übertragen bekommen. Alle aber müssen lernen, Verständnis für die Position der jeweils anderen Seite zu entwickeln, deren Gefühle zu akzeptieren und Meinungsunterschiede zu tolerieren.

Mitgestaltung von pädagogischen Angeboten

Eltern können aber noch mehr aktiviert werden, indem sie zur (Mit-) Gestaltung pädagogischer Aktivitäten aufgefordert werden – ein wichtiger Aspekt der Bildungspartnerschaft. Hier ist es von Vorteil, *wenn die Erzieherin über Berufe, Hobbys und besondere Fähigkeiten von Eltern gut informiert ist, sodass sie einzelne Eltern gezielt ansprechen kann.* So sollten die Eltern möglichst schon bei der Anmeldung ihres Kindes oder spätestens bei weiteren Elterngesprächen nach besonderen, für Kinder interessante Fähigkeiten und Kenntnissen gefragt werden. Auch Tür- und Angel-Gespräche sind oftmals aufschlussreich. Ferner kann durch eine Umfrage ermittelt werden, wie sich Eltern in der Einrichtung engagieren wollen/können.

Jeder einzelne Elternteil verfügt über individuelle Kompetenzen, die in die Kita-Arbeit eingebracht werden können – der Gärtner, die Bürokraft, der Buchhalter, die Graphikerin, der Handwerker, die Musiklehrerin, der Koch usw. Gerade Eltern, die aus was für Gründen auch immer an Elternabenden, Gesprächskreisen oder Elterngruppen nicht teilnehmen wollen, können oftmals durch ein auf ihre speziellen Fähigkeiten zugeschnittenes Angebot für eine Mitarbeit in der Kindertagesstätte gewonnen werden. Anzumerken ist, dass natürlich auch Großeltern einbezogen werden können. Beispielsweise können Großmütter regelmäßig in die Kindertageseinrichtungen kommen, um von früher zu berichten (auch anhand eines Fotoalbums mit eigenen Kindheitsfotos), Märchen zu erzählen oder mit den Kindern Handarbeiten zu machen. Den fachgerechten Umgang mit den Werkzeugen an der Werkbank kann ein Großvater zeigen, der früher als Schreiner gearbeitet hat.

Haben Eltern außergewöhnliche Fähigkeiten, beherrschen sie also beispielsweise eine Fremdsprache oder ein bestimmtes Musikinstrument, so können sie interessierten Kindern Sprachunterricht geben oder ihr Instrument in der Gruppe vorstellen. Beispielsweise kann ein Vater, der von Beruf Masseur ist, seine beruflichen Fertigkeiten in die Kindergruppe einbringen. Er zeigt den Kindern einige Massagegriffe, leitet sie bei einer Partnermassage an und führt sie hin zu einer entspannten Körperhaltung und Atmung. Zu einer Mutter dürfen die Kinder in die Arztpraxis kommen, ein anderer Vater lädt die Gruppe zur Besichtigung seiner Bäckerei ein, eine weitere Mutter ist bereit, ihr Baby in der Gruppe zu baden, zu wickeln und zu füttern. Eine türkische Mutter kommt einmal pro Woche in die Kindertageseinrichtung, um interessierten Kindern wichtige türkische Redewendungen sowie Lieder und Gedichte beizubringen. Ein Vater, der als Sportlehrer tätig ist, bietet einen Schwimm- oder Gymnastikkurs an.

Wichtig ist, dass es sich hier nicht um isolierte Ereignisse handelt: Beispielsweise können die Kinder nach dem Erlernen von Massagegriffen immer wieder motiviert werden, einander zu massieren, oder sie können andere Formen der Entspannung kennen lernen (meditative Musik, Entspannungsübungen, Malen von Mandalas usw.). Der Besuch bei der Mutter in der Arztpraxis kann mit Gesprächen und Aktivitäten rund um das Thema „Gesundheit und Krankheit" verknüpft werden oder die Besichtigung der Bäckerei des Vaters mit dem Kennenlernen anderer Handwerksberufe.

Dies verdeutlicht, dass eine Mitarbeit von Eltern vor allem im Rahmen von *Projekten* sinnvoll ist (siehe hierzu Textor 2013). Erzieher/innen können interessierte Eltern bereits in deren Planung einbeziehen: Diese können Ideen beisteuern, organisatorische Aufgaben übernehmen (Objekte besorgen, Kontakte herstellen...), eine besondere Aktivität mit Kindern übernehmen oder auch als Begleitpersonen bei Exkursionen mitkommen. Projekte unter Beteiligung der Eltern können z.B. die Erkundung der Gemeinde, das Leben in der Vergangenheit, Besuche in Museen, Theatern, Redaktionen oder Druckereien u.Ä. umfassen. Durch sie kann den Kindern leichter die Erwachsenenwelt und ihr Wohnort erschlossen werden.

Diese Beispiele zeigen wie die vorgenannten, *dass die Mitarbeit der Eltern nicht nur das Kita-Personal entlastet, sondern auch zu vielen neuen Angeboten für Kinder und Eltern und damit zu neuen Lernerfahrungen führen kann.* Durch die Unterstützung der Eltern werden sachorientiertes Lernen und realitätsnahe Erfahrungen für die Kinder möglich, wird das pädagogische Angebot der Kindertageseinrichtung umfassender, vielfältiger und reichhaltiger. Zudem erfahren die Kinder aufgrund der Anwesenheit weiterer Erwachsener mehr individuelle Zuwendung. Stürmer (2003) ergänzt: „Die Attraktivität des Beschäftigungsprogramms erhöht sich durch die vielfältigen persönlichen Eigenarten und Aktivitäten der Eltern, die ihre Kreativität und Fähigkeiten einbringen" (S. 16). Eltern und Erzieher/innen kennen einander besser, lernen von einander und empfinden mehr Wertschätzung für einander. Die Eltern identifizieren sich mehr mit der Kindertagesstätte und übernehmen Mitverantwortung für die Bildung und Erziehung der Kinder. Oft verbessern sich das Einrichtungsklima und die Öffentlichkeitswirkung. Selbstverständlich muss aber die pädagogische Mitarbeit der Eltern von den Erzieher/innen fachlich verantwortet, angeleitet und überwacht werden. Und natürlich darf sie nicht als Entschuldigung für eine unzureichende Personalausstattung dienen – dazu ist Elternmitarbeit auch zu sporadisch und auf die Dauer gesehen zu unverlässlich.

Bildungspartnerschaft

Durch die Einbindung von Eltern in die pädagogische Arbeit wird Bildungspartnerschaft realisiert: Zum einen *werden einzelne bildende Aktivitäten von Erzieher/innen und (einigen) Eltern gemeinsam geplant, vorbereitet und durchgeführt.* Zum anderen können Eltern – bei entsprechender Information durch die Tageseinrichtung – *Bildungsinhalte zu Hause aufgreifen und vertiefen.* So können im Kontext des Wochenplans oder eines Projekts bestimmte Aktivitäten in der Kindergruppe begonnen werden, die dann in der Familie fortgeführt oder ergänzt werden. Beispielsweise schicken die Erzieher/innen die Kinder mit dem Auftrag nach Hause, ihre Eltern (bzw. Großeltern) zu einem bestimmten Thema zu „interviewen", sie um etwas (z.B. um ein „historisches" Objekt zum Anschauen in der Gruppe) zu bitten, mit ihnen ein vorgegebenes Experiment durchzuführen oder mit ihnen eine Bastelarbeit zu beenden (z.B. die Teile einer Martinslaterne zusammenzukleben). Auf diese Weise wird auch der Kita-Alltag für die Eltern transparent. Zudem erleben die Kinder, dass ihre „Arbeit" in der Kindertagesstätte von den Eltern positiv bewertet und aufgegriffen wird.

Ferner können die Erzieher/innen den Eltern empfehlen, zum Thema einer längerfristigen Aktivität oder eines Projekts passende Bilderbücher aus der Stadtbibliothek auszuleihen und mit den Kindern anzuschauen. Sie können auch Materialien (Sach- und Bilderbücher, Lernspiele, Praxisartikel, Liederhefte, Spiel- und Bastelanleitungen usw.) zusammenstellen, die Eltern ausleihen können. So können sie diese motivieren, *zu Hause bildende Aktivitäten mit ihren Kindern durchzuführen*. Diese Materialien müssen nicht unbedingt in Bezug zum Monatsplan oder zum aktuellen Projekt stehen.

Insbesondere Eltern, die ihre Kinder mittags abholen, greifen gerne *(Spiel-) Anregungen der Erzieher/innen* auf. Werden sie – z.B. durch einen Tagesbericht oder ein Gruppentagebuch – darüber informiert, welche pädagogischen Aktivitäten am Vormittag durchgeführt wurden, setzen sie oft diese daheim fort. Hier ist hilfreich, wenn Eltern z.B. gerade verwendete Lied- und Notentexte, Spielanleitungen oder Beschreibungen von Beschäftigungen in Kopie mitnehmen können (Beim Kopieren darf natürlich nicht gegen das Urheberrecht verstoßen werden!). Auf diese Weise wird die Bildungszeit der Kindertageseinrichtung in die Familie hinein verlängert.

Mit DiNatale (2002) ist festzuhalten: „Wenn Eltern eingebunden werden, gewinnen sie ein besseres Verständnis von ihrer Rolle als primäre Erzieher ihres Kindes" (S. 90). Die Eltern würden sich bewusst, dass ihr Verhalten und Vorbild einen großen Einfluss auf die Erziehung und Bildung ihrer Kinder haben und würden sich dementsprechend mehr engagieren – wobei Forschungsergebnisse belegen, dass einer der wichtigsten Faktoren, die den Schulerfolg von Kindern bestimmen, *das Ausmaß der Beteiligung der Eltern an ihrer Bildung* ist.

Weitere Möglichkeiten der Mitarbeit von Eltern

Es hat im Kita-Bereich eine lange Tradition, dass Eltern gebeten werden, ihren Kindern bestimmte (Abfall-) Materialien mitzugeben, die z.B. zum Basteln oder zum Verkleiden benötigt werden. Auch werden die Eltern zumeist *in die Organisation von Festen eingebunden*. So können sie beispielsweise Vorführungen darbieten, Spielangebote für die Kinder machen, Dekorationen herstellen oder Essen und Getränke besorgen und ausgeben. Je mehr sich die Eltern einbringen und aktiv mitarbeiten können, umso kreativer und abwechslungsreicher gestalten sich in der Regel die Feiern. Auch lassen sich Eltern einbeziehen, die z.B. aufgrund von Sprachproblemen andere Elternangebote nicht nutzen.

Insbesondere bei Elterninitiativen ist es oftmals üblich, dass Eltern *Einkäufe* tätigen, für die Kinder *kochen*, die Räume *putzen*, die *Gartenarbeit* erledigen, die Buchführung übernehmen und für die Öffentlichkeitsarbeit verantwortlich zeichnen. Viele Kindertageseinrichtungen haben in den letzten Jahren außerdem positive Erfahrungen mit der Kooperation mit Eltern bei der *Umgestaltung von Spielbereichen* in den Gruppenräumen und im Gang oder bei der *Neugestaltung des Außengeländes* gesammelt. Ferner werden Eltern bei *Renovierungsarbeiten*, zur Reparatur von Spielsachen, für *Büroarbeiten* oder bei der Erstellung der Kita-Zeitung eingesetzt. Manche organisieren Wanderungen und Ausflüge oder gestalten Gottesdienste für die Kinder und ihre Familien, sodass die Erzieher/innen sowohl bei den Vorbereitungen entlastet werden als auch keine Aktivitäten für die Kinder anbieten müssen. Eltern führen *Basare, Flohmärkte* und Skatabende durch oder gründen einen *Förderverein* und erschließen auf diese Weise der Kindertageseinrichtung zusätzliche finanzielle Mittel. Migranteneltern helfen als *Dolmetscher* oder übersetzen schriftliche Materialien, wenn Kita-Eltern aus ihrem Kulturkreis der deutschen Sprache nicht mächtig sind. Sind Eltern den Kindern bekannt und mit den Räumlichkeiten der Kindertagesstätte vertraut, *können sie auch kurzzeitig für Fachkräfte einspringen, die erkrankt oder auf Fortbildung sind.*

Interessierte Eltern können außerdem an der Erstellung und *Fortschreibung der Konzeption* der Einrichtung, an der *Jahresplanung* (Besprechung möglicher Themenschwerpunkte, Projekte, Feste usw.) oder an der Erstellung der *Wochenpläne* beteiligt werden, sodass sie ihre Vorschläge, Wünsche, Interessen und Vorstellungen einbringen können. Auch dadurch kann Kontinuität zwischen öffentlicher und privater Erziehung erreicht werden: „Ein kritischer Überblick über einen Großteil der professionellen Literatur betreffs der Kommunikation mit Eltern verweist auf eine implizite Vorannahme, nach der Kontinuität dadurch zustande kommen wird, dass Eltern ihre Erziehungsgewohnheiten ändern, und nicht dadurch, dass Erzieher aufgrund der Gespräche zwischen Eltern und Fachkräften ihr Programm verändern" (Shimoni 1991, S. 13).

Genauso gut lassen sich elterliche *Kompetenzen für andere Eltern nutzbar machen* – so kann z.B. eine Sportlehrerin Aerobic-Stunden, eine türkische Mutter einen Kochkurs „Andalusische Speisen" oder eine im Schneidern versierte Mutter einen Nähkurs anbieten. Die Eltern können ein Elterncafé, eine Müttergruppe oder einen Elternstammtisch organisieren. Auch können sie eventuell einen Sprachkurs für Migranteneltern durchführen.

Fazit

Eltern haben also viele Möglichkeiten, sich in Kindertageseinrichtungen zu engagieren. Welche sie davon nutzen, hängt von unterschiedlichen Faktoren ab: den Zeitressourcen, den persönlichen Kompetenzen, der Motivation usw. Prinzipiell sollte Elternmitarbeit aber *freiwillig* sein; Eltern, die keine Zeit oder keine Lust haben, dürfen keinesfalls benachteiligt werden.

Das Engagement von Eltern ist in der Regel besonders groß, wenn sie das Gefühl haben, *es komme direkt ihrem Kind zugute bzw. verbessere dessen Situation.* Dasselbe gilt für relativ kurzfristige Aktivitäten mit einem eindeutigen gemeinsamen Ziel (z.B. Durchführen eines Projekts, Anlegen eines Biotops). Streben Erzieher/innen eine intensive Elternmitarbeit an, so sollten sie deshalb immer aufzeigen, was das jeweilige Ziel ist und inwieweit das Engagement der Eltern dem jeweiligen Kind nutzt. Ferner sollten sie individuelle Motivationslagen, Werte und Einstellungen berücksichtigen: „Sozial eingestellte Eltern, die sich für andere einsetzen, übernehmen gern die Gestaltung eines Elterncafés als Begegnungsstätte für die Eltern, während Eltern mit einer ausgeprägt ökologischen Einstellung sich eher für die naturnahe Gestaltung des Außengeländes engagieren" (Bernitzke/Schlegel 2004, S. 210). Neu hinzugezogene Eltern möchten soziale Kontakte knüpfen und organisieren z.B. gerne einen Elternstammtisch oder eine Familienfreizeit.

Von großer Bedeutung ist ferner, inwieweit sich die Eltern wirklich als von den Erzieher/innen eingeladen erleben. Manchmal gibt es seitens der Fachkräfte *Vorbehalte,* weil sie z.B. Angst haben, die Mitarbeit von Eltern könnte sich negativ auf den Personalschlüssel auswirken, weil sie sich nicht von den Eltern im Umgang mit den Kindern beobachten lassen wollen, weil sie sich manchen Eltern gegenüber unterlegen fühlen, weil sie zu viel Einmischung fürchten oder weil sie nur wenig Vertrauen in die (pädagogischen) Fähigkeiten der Eltern haben. Solche Vorbehalte – selbst wenn sie nicht ausgesprochen werden – bleiben natürlich nicht lange unbemerkt. Sie sollten deshalb so früh wie möglich im Team geklärt werden.

Eltern*mit*arbeit wird *positiv verstärkt*, wenn die Eltern

- schon in die Planung von Aktivitäten einbezogen werden,
- mitbestimmen und Mitverantwortung übernehmen können,
- erleben, dass ihre Vorschläge und Aktivitäten von den Fachkräften gewürdigt werden,
- sinnvolle Aufgaben übernehmen, sich also nicht als bloße Handlanger erleben, die fortwährend bevormundet und belehrt werden,
- ihre Vorstellungen verwirklicht sehen und
- Feedback, Anerkennung und Wertschätzung erfahren (z.B. können größere Projekte mit einem Helferfest abgeschlossen werden).

Letztlich kann man am Ausmaß der Eltern*mit*arbeit erkennen, *wie groß die Identifikation der Eltern mit der Kindertageseinrichtung und wie stark ausgeprägt die Bildungspartnerschaft ist.*

Elternberatung und Weitervermittlung

Kindertageseinrichtungen kommt eine große Bedeutung hinsichtlich der *Früherkennung* zu: Erzieher/innen können aufgrund ihrer entwicklungspsychologischen Kenntnisse und praktischen Erfahrungen Verhaltensauffälligkeiten, Entwicklungsrückstände oder (drohende) Behinderungen feststellen, die z.B. Eltern mangels Vergleichsmöglichkeiten mit gleichaltrigen Kindern nicht entdeckt haben oder Ärzte bei den zeitlich sehr begrenzten Vorsorgeuntersuchungen nicht diagnostizieren konnten. Bevor sie aber die Eltern davon unterrichten, sollten sie die eigenen Beobachtungen zunächst mit der zweiten Fachkraft in der Kindergruppe und/oder im Team besprechen. Hier wirkt sich positiv aus, wenn in der Kindertageseinrichtung mit Formen der inneren Öffnung gearbeitet wird, da dann alle Kolleg/innen das jeweilige Kind kennen. Auf diese Weise kann die eigene Einschätzung von Entwicklung und Verhalten des auffälligen Kindes überprüft werden.

Bestehen weiterhin Unsicherheiten, können *Instrumente für die Früherkennung* wie „EBD 3-48 Monate" (Petermann/Petermann/Koglin 2017), „EBD 48-72 Monate" (Koglin/Petermann/Petermann 2017), „Die Diagnostischen Einschätzskalen" – DES (Barth 2016), das „Entwicklungsgitter" (Kiphard 2014) oder „perik – Positive Entwicklung und Resilienz im Kindergartenalltag" (Ulich/Mayr 2006) hinzugezogen werden. Schließlich besteht die Möglichkeit, mit einem psychosozialen Dienst wie einer Frühförder- oder Erziehungsberatungsstelle Kontakt aufzunehmen, den Fall anonym zu schildern und den Rat der dort tätigen Fachleute einzuholen.

Sind Erzieher/innen aufgrund ihrer entwicklungspsychologischen Kenntnisse, nach Auswertung der Beobachtungsbögen und/oder nach Rücksprache mit Kolleginnen bzw. Fachleuten weiterhin der Meinung, dass ein Kind verhaltensauffällig, sprachgestört, entwicklungsverzögert oder von Behinderung bedroht ist, sollte zunächst geprüft werden, *inwieweit ihm mit den Möglichkeiten der Kindertageseinrichtung geholfen werden kann* (Textor 2020):

- Reichen die in Kindertagesstätten üblichen Erziehungsmittel und -methoden aus, um das Kind positiv zu beeinflussen?

- Ist eine intensivere heilpädagogische Förderung des Kindes durch Einzelbetreuung oder in einer Kleingruppe (z.B. zu besuchsschwachen Zeiten) möglich und ausreichend?
- Inwieweit können die anderen Kinder eingesetzt bzw. kann die Gruppendynamik genutzt werden, um dem Kind zu helfen?
- Muss das pädagogische Angebot verändert oder der Tagesablauf anders strukturiert werden, um den Bedürfnissen dieses Kindes (und anderer Kinder) besser gerecht werden zu können?
- Sind organisatorische Veränderungen sinnvoll wie z.B. der Wechsel des Kindes in eine andere Gruppe?

Wenn die eigenen Möglichkeiten nicht ausreichen, ist es notwendig, so schnell wie möglich ein Elterngespräch anzuberaumen. Es sollten nicht nur die Mütter eingeladen werden, um Folgendes zu vermeiden: „Am Gespräch nicht beteiligte Väter verstehen es oft nur allzu gut, mögliche Auffälligkeiten ihres Kindes zu verharmlosen oder die Gründe hierfür allein im falschen Erziehungsverhalten der Mutter zu suchen" (Dusolt 2001, S. 91). Bei traditionell orientierten Migrantenfamilien haben zudem nur die Väter Entscheidungsbefugnisse, sodass Gespräche mit den Müttern häufig wenig ergiebig sind.

Das Beratungsgespräch

Wenn mit den Eltern ein Termingespräch geführt werden soll, so gilt generell, dass dieses leichter gelingt, wenn bereits eine *vertrauensvolle Beziehung* besteht. Hier wird die große Bedeutung der Erziehungspartnerschaft deutlich: Haben Eltern im Kontext vielfältiger Angebote Kontakt zu den Erzieher/innen gehabt, konnten sie in der Kindertageseinrichtung hospitieren, haben sie viele Tür- und Angel-Gespräche und einige Entwicklungsgespräche mit den Fachkräften geführt, dann werden sie ihnen eher vertrauen, sich eher öffnen und eher auf ihren Rat hören.

Aber auch bei einer guten Beziehung zu den Eltern ist es für viele Erzieher/innen belastend, sie über die Auffälligkeiten, Entwicklungsrückstände oder (drohenden) Behinderungen ihres Kindes zu informieren und ihnen die Notwendigkeit einer zusätzlichen Förderung oder Beratung durch Dritte nahe zu bringen. Hinzu kommt, dass sie in diesen Situationen oft erlebt haben, dass Eltern aggressiv reagiert, die Fachkraft für die Probleme des Kindes verantwortlich gemacht und sie kritisiert haben. Solche Reaktionen sollten aber *als Teil eines Verarbeitungsprozesses auf Seiten der Eltern gesehen und nicht überbewertet werden.* Auch lassen sie sich zumeist vermeiden, wenn Erzieher/innen

- möglichst früh den Kontakt zu den Eltern suchen – solange die Probleme noch „klein" sind.
- das Gespräch an einem ruhigen Ort, möglichst in einer Sitzecke (bei mehreren Personen Sitzgelegenheiten kreisförmig anordnen, sonst über Eck setzen), führen, sich genügend Zeit nehmen und für eine entspannte Atmosphäre sorgen.
- zu Beginn eines solchen Gesprächs positive Seiten des Kindes schildern sowie Wertschätzung und Zuneigung für das Kind ausdrücken.
- die erzieherischen Leistungen der Eltern würdigen und immer wieder betonen, dass Familie *und* Kindertagesstätte nur das Beste für das jeweilige Kind wollen.
- ihre eigenen Beobachtungen und ihre eigene Betroffenheit in der Ich-Form vortragen („*Ich* erlebe Ihr Kind in der und der Situation so und so. Dann habe *ich* die und die Schwierigkeiten mit ihm und reagiere so oder so"), sodass sich die Eltern nicht angegriffen fühlen.
- die Eltern zur Mitteilung eigener Beobachtungen motivieren („Kennen Sie dieses Verhalten aus Ihrer Familie oder aus anderen Situationen?") und sie um mögliche Erklärungen bitten („Was könnten die Ursachen sein?").
- den Eltern aktiv zuhören, also auf ihre Gedanken und Emotionen eingehen, diese zurückreflektieren und akzeptieren, sodass sich die Eltern verstanden fühlen, sich nicht verteidigen müssen, weniger Schuldgefühle entwickeln und sich dann leichter mit den Problemen ihres Kindes befassen können.
- akzeptieren, dass Eltern eventuell die Situation anders sehen bzw. erleben, da jeder Mensch in einer subjektiven Welt lebt,

die von seinen individuellen Wahrnehmungen, Erfahrungen und Bedürfnissen geprägt ist, und da sich das Kind im System „Familie" durchaus ganz anders verhalten mag als im System „Kindertagesstätte".

- bisherige Versuche in Kindertageseinrichtung und Familie, auf die Auffälligkeiten des Kindes positiv einzuwirken, offen erörtern und die Bemühungen der Eltern würdigen.
- den Eltern mit Wertschätzung und Respekt begegnen und immer davon ausgehen, dass sie es gut mit ihrem Kind meinen und es richtig erziehen wollen.
- die Eigenständigkeit, die Rechte und die Erziehungsverantwortung der Eltern achten, aber zugleich auch Gemeinsamkeiten betonen („Wir wollen *beide* das Beste für Ihr Kind!", „Was können wir *gemeinsam* machen?").
- immer sachlich, freundlich, geduldig und hilfsbereit bleiben (auch wenn die Eltern wütend oder verärgert reagieren), sich also professionell verhalten.

Bei einer solchen Vorgehensweise ist schnell eine *kooperative Beziehung* hergestellt – insbesondere wenn auch die Eltern Probleme mit ihrem Kind haben: Gemeinsam wollen Erzieherin und Eltern das Verhalten des jeweiligen Kindes verändern. Dabei können sie sich an den Stufen des *Problemlösungsprozesses* orientieren:

1. *Problemdefinition:* genaue Beschreibung der Verhaltensauffälligkeit oder der Erziehungsschwierigkeit; Eltern *und* Erzieherin müssen diese Definition akzeptieren.
2. *Suche nach den Ursachen des Problems:* Bestimmung vorausgehender und nachfolgender Ereignisse und Verhaltensweisen, von Auslösern und Verstärkern; Suche nach problematischen Strukturen und Erziehungsfehlern in Kindertageseinrichtung und Familie.
3. *Zielbestimmung:* Festlegung realistischer Ziele für den Problemlösungsprozess.
4. *Suche nach allen denkbaren Lösungsmöglichkeiten:* Brainstorming; anschließend Beurteilung der Vor- und Nachteile sowie möglicher Umsetzungsschwierigkeiten.

5. *Auswahl der voraussichtlich besten Alternative:* Entscheidung, danach Planung der Umsetzung sowie Ermittlung benötigter Ressourcen und möglicher Widerstände.
6. *Umsetzung der Alternative:* entsprechender Umgang mit dem Kind in Familie und/oder Kindertageseinrichtung; dabei gegenseitige Unterstützung und Hilfestellung.
7. *Erfolgskontrolle:* Überprüfung der Effektivität des Problemlösungsversuches.

Insbesondere wenn sich bei der Ursachenanalyse (Schritt 2) herausstellt, dass sich vor allem die andere Seite ändern muss, sollten sich die Erzieher/innen bzw. die Eltern zurückhalten und ihren Gesprächspartner selbst nach Lösungsmöglichkeiten suchen lassen. So zeigen sie, dass sie ihm zutrauen, dass er seine Probleme selber lösen und sein Verhalten selbst ändern kann. Er übernimmt dann in der Regel mehr Verantwortung und bemüht sich stärker um einen Erfolg.

Die Erzieher/innen bzw. die Eltern beschränken sich dann vor allem auf die Unterstützung und Beratung des Gesprächspartners beim Durchlaufen der folgenden Stufen des Problemlösungsprozesses. Sie helfen beim Analysieren der Gesamtsituation und beim Strukturieren von Informationen, regen neue Sichtweisen an, geben Tipps zum Umsetzen von Lösungsmöglichkeiten, motivieren zu konkreten Verhaltensänderungen, ermutigen bei Ängsten und Zweifel, führen bei Abschweifungen zum Problem zurück usw.

In diesen Fällen – aber auch wenn beide Seiten aktiv werden müssen – sind eventuell mehrere Besprechungen nötig, um Probleme bei der Umsetzung der Lösungsstrategie zu diskutieren, eine andere, erfolgversprechendere Alternative auszusuchen oder neu aufgetretene Schwierigkeiten zu klären.

Emotionen in Schach halten

Bevor es zu einem Gespräch mit den jeweiligen Eltern über ein verhaltensauffälliges oder erziehungsschwieriges Kind kommt, haben sich bei Erzieher/innen oft Gefühle der Frustration, Verärgerung und Unzufriedenheit angesammelt. Oft liegt es nahe, die Eltern verantwortlich zu machen und ihnen die Schuld für das Verhalten ihres

Kindes zuzuweisen. Identifiziert sich die Erzieherin mit der Not des Kindes und hat sie Mitleid mit ihm, mag sie aus ihrer emotionalen Parteilichkeit heraus ebenfalls die Eltern beschuldigen. Schuldzuweisungen werden aber von den Eltern – zu Recht – als Angriff verstanden und mit einer Verteidigungshaltung bzw. einem Gegenangriff beantwortet. Da dann leicht ein ineffektives Streitgespräch entsteht, das die Erziehungspartnerschaft stark beeinträchtigt, *sind Schuldzuschreibungen seitens der Erzieher/innen zu vermeiden.*

Aber selbst wenn sie nicht beschuldigt werden, reagieren einige Eltern mit Wut und verbalen Angriffen. Sie mögen trotzdem das Gefühl haben, dass sie für die Verhaltensauffälligkeiten verantwortlich gemacht werden – und wenn nicht von der Erzieherin, dann vielleicht vom Partner, den Großeltern oder dem sozialen Umfeld. Oder sie fühlen, dass sie selbst zu den Problemen beigetragen haben, wollen sich dies aber nicht eingestehen, denn niemand will sich gerne als „Versager" in der Erziehung seines Kindes „outen". Ferner reagieren manche Eltern mit Kritik und Schuldzuschreibungen, wenn sie den Eindruck haben, dass ihr Kind in der Kindertageseinrichtung nicht genügend gefördert oder falsch behandelt wird und sich deshalb problematisch verhält.

Besteht die Gefahr, dass es aus dieser Situation heraus zu einem *Konfliktgespräch* kommen könnte, sollte die jeweilige Erzieherin die Besprechung möglichst mit der Kollegin, der Leitung oder *im Team vorbereiten.* Gemeinsam wird eine Strategie für das Elterngespräch festgelegt, wobei auf die Erfahrungen der Kolleg/innen zurückgegriffen werden kann. Unter Umständen kann das Gespräch in einem Rollenspiel geübt werden. Außerdem können im Team die eigenen Emotionen reflektiert werden (z.B. Enttäuschung über die mangelnde Kooperationsbereitschaft der Eltern, Verletzung durch Kritik der Eltern, Schuldgefühle gegenüber dem Kind).

Bevor ein Gespräch über die „Probleme" eines Kindes oder die „Fehler" einer Erzieherin bzw. der Eltern geführt wird, *sollten sich Fachkräfte zunächst einmal ihrer Gefühle bewusst werden und sich von ihnen distanzieren.* Sie sollten zu einer Grundhaltung gelangen, die es ihnen erlaubt, Verständnis für die andere Seite zu empfinden. Wichtig ist auch, sich bewusst zu machen, dass *nicht die Fachkraft das erzieherische Verhalten der Eltern oder deren Beziehung zum*

Kind verändern kann. Vielmehr müssen die Eltern selber aktiv werden. Diese sind aber am ehesten offen für eine Reflexion der Familienerziehung oder für Ratschläge, wenn sie sich akzeptiert und verstanden fühlen.

Vermittlung von Hilfsangeboten

Sind Erzieher/innen in Beratungsgesprächen an ihre Grenzen gelangt, reichen die Möglichkeiten von Kindertageseinrichtung und Eltern nicht aus, können die Auffälligkeiten nicht genau erfasst werden, sind ihre Ursachen unbekannt oder für Erzieher/innen nicht zugänglich, sind Störungen oder Behinderungen stark ausgeprägt (usw.), dann ist in der Regel die Weitervermittlung des Kindes und seiner Eltern an einen spezialisierten Dienst bzw. dessen Einbindung angezeigt. Dasselbe gilt für die Fälle, bei denen sich im Elterngespräch herausstellt, dass die Ursachen für Probleme in der Familiensituation liegen (z.B. Trennung/Scheidung, Arbeitslosigkeit eines Elternteils, Geburt eines behinderten Kindes) oder die Eltern von sich aus die Erzieherin wegen derartiger Belastungen angesprochen haben.

Je nach Problematik können die Familien z.B. an Erziehungs-, Ehe- und Familienberatungsstellen, Psychotherapeuten, Frühförderstellen, Ausländer-, Gesundheits-, Wohnungs-, Sozial- und Jugendämter, Ärzte, Logopäden, Ergotherapeuten, ambulante heil- bzw. sonderpädagogische Dienste, schulvorbereitende Einrichtungen, heilpädagogische Tagesstätten, Schwangereren-, Schuldner- und Sozialberatungsstellen, sozialpflegerische Dienste oder Selbsthilfegruppen weitervermittelt werden. Allerdings können Erzieher/innen nur *Empfehlungen* aussprechen – ob Eltern entsprechend handeln, sich bei einem psychosozialen Dienst beraten oder dort ihr Kind untersuchen und therapieren lassen, ist von diesen zu entscheiden.

Akzeptieren Eltern, dass ihr Kind oder sie selbst Hilfe durch psychosoziale Dienste benötigen, sollte die Erzieherin in Frage kommende Angebote *möglichst genau schildern.* Dabei dürfen nicht für das Kind oder die Familie nach Meinung der Erzieherin geeignete Maßnahmen wie z.B. Spiel- oder Familientherapie beschrieben werden – die Mitarbeiter/innen des jeweiligen psychosozialen Dienstes sind für deren Auswahl (wie auch für die Diagnose) zuständig –, sondern die in Frage kommenden Einrichtungen sollten *allgemein* hinsichtlich der Aufgaben, Arbeitsschwerpunkte und Verfahren dargestellt werden (analog der Informationen, die in Faltblättern, Broschüren oder Jahresberichten enthalten sind oder die von den Erzieher/innen bei früheren Kontakten erlangt wurden). Auch können persönlich bekannte Ansprechpartner benannt und Fragen der Eltern hinsichtlich der Vorgehensweise (telefonische Kontaktaufnahme, Terminvereinbarung, Erstgespräch, Anamnese usw.) beantwortet werden.

Die Besprechung sollte möglichst *mit einer konkreten Entscheidung enden* („Die Eltern melden sich jetzt bei der Erziehungsberatungsstelle an!" – „Die Kinderkrippe lädt eine Mitarbeiterin der Frühförderstelle in die Gruppe ein, damit sie das Kind beobachtet und eine Diagnose erstellt!"). Kann eine solche Vereinbarung nicht erreicht werden, sollte ein weiteres Gespräch vereinbart oder angekündigt werden („Wir sollten dies alles nochmals überdenken und uns dann wieder treffen!"). Sind die Eltern auf Dauer uneinsichtig, sollten ihnen die Konsequenzen verdeutlicht werden, wenn auf eine Beratung oder Behandlung verzichtet wird (z.B. Verfestigung der Störungen, Zurückstellung bei der Einschulung, eventuell Besuch einer Sondereinrichtung oder Förderschule).

Ist die Ablehnung der Eltern jedoch durch Schwellenangst, Unsicherheit u.Ä. zu erklären, könnte z.B. *das Erstgespräch in der Kindertagesstätte stattfinden*. Hier können sie in einer gewohnten Umgebung und in Anwesenheit der ihnen vertrauten Erzieherin mit dem Mitarbeiter eines psychosozialen Dienstes sprechen. Alternativ kann die Erzieherin die Eltern zum Erstgespräch in die Beratungsstelle, in das Jugendamt usw. begleiten. Viele Mitarbeiter/innen – insbesondere mobiler – psychosozialer Dienste kommen aber auch in die Kindertageseinrichtung, um das jeweilige Kind in der Gruppe zu beobachten, mit den Erzieher/innen und Eltern gemeinsam eine Hilfsmaßnahme zu planen und/oder die Behandlung des Kindes in der Kindertagesstätte durchzuführen. Hier bleibt das Kind in der ihm vertrauten Umgebung.

Eine *Behandlung des Kindes in der Einrichtung* ist oft der einzige Weg, wie Kindern berufstätiger Eltern, von (erwerbstätigen) Alleinerziehenden oder von nicht motorisierten Eltern (auf dem Land, bei schlechter Anbindung an öffentliche Verkehrsmittel) geholfen werden kann, die nicht zum psychosozialen Dienst gebracht werden können. Dasselbe gilt für Fälle, wo Eltern wenig Problembewusstsein oder eine so große Schwellenangst haben, dass sie ihr Kind nicht bei einem Fachdienst vorstellen würden.

Kindertageseinrichtungen, die sich zu *Familienzentren* weiterentwickelt haben, sind besonders gut mit psychosozialen Diensten vernetzt (Diller/Schelle 2013; Schlevogt/Vogt 2014). Aufgrund formalisierter Kontakte verläuft die Weitervermittlung von Eltern und Kindern relativ reibungslos. Bei vielen Familienzentren kommen Mitarbeiter/innen psychosozialer Dienste auch ins Haus; vereinzelt haben sie ihre Büros in demselben Gebäude.

Fazit

Beratungsgespräche mit Eltern gehören zu den schwierigsten Aufgaben von Erzieher/innen. Aber gerade hier kann sich Erziehungspartnerschaft in einer intensiven Zusammenarbeit von Erzieher/innen und Eltern realisieren: Beide Seiten versuchen, dem jeweiligen Kind in seiner problematischen Situation zu helfen bzw. seine Entwicklungsbedingungen zu verbessern. In mehr oder minder langen Gesprächen, die der Absprache und Abstimmung dienen, werden gemeinsam Strategien entwickelt, die dann von beiden Seiten umgesetzt werden. Oder es werden der Familie Ressourcen erschlossen, mit deren Hilfe sich Probleme und Belastungen besser bewältigen lassen. Gelingen die gemeinsamen Anstrengungen, so können Erzieher/innen hier *ihre größten Erfolge erleben* – denn was gibt es Schöneres zu beobachten, als wenn die Sprachstörungen, Entwicklungsverzögerungen bzw. Verhaltensauffälligkeiten eines (Klein-) Kindes verschwinden und es sich wieder normal entwickelt?

Elterngespräche erfolgreich führen

In vorausgegangenen Kapiteln wurden Tür- und Angel-Gespräche sowie Anmelde-, Entwicklungs- und Beratungsgespräche beschrieben und ihre Bedeutung für die Erziehungspartnerschaft zwischen Kindertageseinrichtung und Familie betont. Nun sollen Grundsätze der Gesprächsführung skizziert werden, die zu einem positiven Gesprächsverlauf beitragen (zur Vertiefung siehe Bröder 2014; Lindner 2013). Ferner wird auf die Sonderfälle von Konfliktgesprächen und Beschwerden eingegangen.

Kommunikation

Als Kommunikation wird der *Austausch von Botschaften* bezeichnet, wobei die Gesprächspartner abwechselnd „Sender" oder „Empfänger" sind. Die Mitteilungen werden verbal *und* nonverbal übermittelt, sodass man manchmal „*inkongruente*", d.h. widersprüchliche Botschaften sendet (z.B. wenn man während eines Streitgesprächs sagt: „Aber ich will Ihnen doch nur helfen!" und dabei ablehnend schaut, weil man eigentlich das Gespräch am liebsten abbrechen würde).

Der Gegenüber nimmt gleichzeitig die verbalen und nonverbalen Botschaften (vor allem über das Gehör und das Auge) wahr und dekodiert bzw. verarbeitet sie unter Hinzuziehung von (Vor-) Erfahrungen mit dieser oder vergleichbaren Personen, von (Rollen-) Erwartungen, Werten, Einstellungen, aktuellen Bedürfnissen, Emotionen usw.

Dieser zumeist unbewusst ablaufende Verarbeitungsprozess bedingt, dass die Mitteilungen eigentlich nie so verstanden werden, wie sie gesendet wurden – sie werden immer interpretiert (selbst eine als Tatsachenfeststellung gemeinte und eigentlich unverfängliche Aussage wie „Es ist jetzt 11 Uhr" kann z.B. verstanden werden als „Jetzt haben Sie mich lange genug aufgehalten, verschwinden Sie endlich!"). Dementsprechend kann dann die Reaktion des Empfängers der Botschaft für den Sender unverständlich sein (z.B. wenn die Person dann mit „Oh, jetzt muss ich aber gehen!" und einem erschreckten Gesichtsausdruck reagiert). Die Komplexität der Kommunikation lässt *somit leicht Missverständnisse aufkommen...*

Generell werden verschiedene Ebenen der Kommunikation unterschieden:

- die *verbale Botschaft*: eine Information über sich selbst, den anderen, eine dritte Person, die Situation, ein Objekt usw.
- die dahinter liegende *Absicht*: was der Sender mit der Mitteilung erreichen will, wozu er den Gesprächspartner beeinflussen will, was dieser tun oder fühlen soll usw.
- die *nonverbalen Botschaften*: Informationen über den Sender – z.B. über seinen Gefühlszustand, seine Ansprechbereitschaft, sein Selbstwerterleben –, die über Gesichtsausdruck, Körperhaltung, Gestik, Tonfall, Lautstärke usw. vermittelt werden.
- die *Beziehung*: ihre Definition und die gerade vorherrschenden Emotionen bestimmen mit, wie eine Botschaft verstanden wird (es macht z.B. einen Unterschied, ob dieselbe Mitteilung an Eltern, ein Kind oder den Träger gesendet wird, ob der Sender die Person lange kennt oder nicht, ob die Beziehung generell konflikthaft ist oder nicht).
- der *Kontext*: die Situation, in der sich Sender und Empfänger befinden (ein Gespräch über ein Kind verläuft anders, wenn Erzieherin und Eltern ungestört sind als wenn sie sich in der Gruppe befinden).

Dementsprechend muss der Empfänger immer wieder interpretieren: „Was will mir der Sender mitteilen?" (verbale Botschaft) – „Was will er von mir, was soll ich tun?" (dahinter stehende Absicht) – „In welchem Zustand befindet sich der Sender?" (nonverbalen Botschaften) – „Wie sieht er unser Verhältnis?" (Beziehung) – „Inwieweit bestimmt die Situation seine Botschaft?" (Kontext). Diese Analyseleistung kann natürlich keine Person innerhalb der Sekundenbruchteile leisten, die ihr zur Verfügung steht, bis sie reagieren muss. Deshalb kann man Kommunikation mit einem Eisberg vergleichen: Wir sehen nur die Spitze des Eisbergs bzw. nur einen Bruchteil der während eines Gesprächsablaufs gesendeten Informationen.

Wenn Erzieher/innen sich diese Komplexität von Kommunikation bewusst machen, werden sie leichter verstehen, dass Eltern manch-

mal ganz anders reagieren als erwartet. Sie sollten deshalb immer die kognitiven, emotionalen, sozialen und situativen Aspekte von Kommunikation zu berücksichtigen und zu gestalten versuchen.

Gesprächsführung

Als besonders wichtig für eine positive Gesprächsführung seitens der Erzieher/innen gelten die folgenden Grundhaltungen:

- *Gesprächsbereitschaft und Geduld:* Für ein gutes Gespräch müssen sich beide Seiten Zeit nehmen. Den Eltern sollte der Eindruck vermittelt werden, dass es im Augenblick kein wichtigeres Anliegen als das Ihrige gibt.
- *Vertrauen:* Eltern und Erzieher/innen müssen die Gewissheit haben, dass das Gespräch vertraulich ist und ihre Aussagen nicht anderen Menschen zugetragen werden. Nur dann werden sie über sich selbst sprechen und offen diskutieren. Das wird in der Regel aber noch nicht bei den ersten Gesprächen der Fall sein, da die Entwicklung von Vertrauen Zeit braucht. Sollen Gesprächsinhalte Dritten zugänglich gemacht werden, müssen Erzieher/innen dies ansprechen und die Eltern um Zustimmung bitten (Datenschutz).
- *Wertschätzung und Respekt:* Die Eltern sollten den Eindruck gewinnen, dass sie als Person geschätzt werden, dass sie geachtet sind und dass ihnen positive Gefühle entgegengebracht werden. So wird ihnen mit Höflichkeit, Achtung, Bestätigung, Wärme und Zuwendung begegnet. Die Sichtweisen, Empfindungen und Werte der Eltern werden akzeptiert und nicht an den eigenen Vorstellungen und Normen gemessen (Toleranz). Höchstens einzelne Verhaltensweisen werden problematisiert.
- *Einfühlsames Verstehen („Empathie"):* Die Erzieher/innen interessieren sich für die subjektive Welt der Eltern und zeigen Verständnis. Sie versuchen, sich in die Person und Situation ihres Gegenübers hineinzuversetzen. Dadurch erleichtern sie es den Eltern, ihre Gefühle offen auszudrücken und nicht hinter „Sachaussagen" verbergen zu müssen.

- *Offenheit und Echtheit:* Die Fachkräfte verstecken sich nicht hinter einer Fassade, sondern reagieren als Person, öffnen sich selbst, bringen ihre Gedanken und Gefühle aufrichtig in klaren Aussagen zum Ausdruck. Sie antworten unmittelbar, spontan und ehrlich auf das Gehörte. Verbale Botschaft, Gesichtsausdruck und Körperhaltung stimmen überein („Kongruenz").
- *Achtung vor der Eigenständigkeit und Selbstverantwortung der Eltern:* Verhaltensänderungen können wohl angeregt werden, aber nur die Eltern können sich selbst ändern. So wird Vertrauen in deren Fähigkeit zur Selbsthilfe gezeigt, anstatt dass ihr Problem zum eigenen gemacht wird und die Fachkräfte schließlich als „hilflose Helfer" an ihm scheitern. Zugleich übernehmen die Erzieher/innen Verantwortung für das eigene Handeln und Erleben, die eigenen Bedürfnisse, Einstellungen und Emotionen.

Diesen Grundhaltungen entsprechen bestimmte Gesprächstechniken. Dazu gehört beispielsweise das *aktive Zuhören*, das sich auch in Körperhaltung und Mimik zeigt. Hier nehmen die Fachkräfte nicht nur auf, was gesagt wurde, sondern bemühen sich auch zu verstehen, was gemeint ist. So akzeptieren die Erzieher/innen zunächst einmal die Gedanken, Gefühle, Bedürfnisse, Wünsche und Einstellungen der Eltern und stellen zugleich ihre eigenen Reaktionen, ihre Meinungen, Wertungen und Emotionen zurück. Dann versuchen sie, dass Gesagte mit eigenen Worten wiederzugeben und dabei vor allem auf die emotionalen Inhalte einzugehen (*Rückmeldung/Feedback*). Bei einem solchen Verhalten erfahren die Eltern, wie ihre Aussagen bei den Fachkräften angekommen sind. Missverständnisse können sofort ausgeräumt und notwendige Zusatzinformationen gegeben werden.

Durch das aktive Zuhören, bei dem bewusst auf eigene Meinungsäußerungen, Kritik und Ratschläge verzichtet wird, *fühlen sich die Eltern verstanden, ernst genommen und akzeptiert.* Sie werden zum Weiterreden und Nachdenken angeregt. Oft entwickeln sie dann selbst Ideen, wie sie zu einer Verbesserung der Erziehung und Bildung ihres Kindes beitragen oder wie sie Probleme lösen können.

Eine andere wichtige Gesprächstechnik wird als *Ich-Botschaft* bezeichnet. Die Erzieher/innen kritisieren nicht das Kind oder die Eltern, sondern beschreiben das Problem so, wie sie es persönlich erleben: „*Ich* habe Schwierigkeiten mit Ihrem Kind. *Ich* erlebe sie vor allem in der und der Situation. Dann reagiere (empfinde) *ich* leicht so oder so. Können Sie *mir* helfen, das Verhalten Ihres Kindes zu verstehen?" Offensichtlich ist, dass bei Ich-Botschaften die Wahrscheinlichkeit recht gering ist, dass sich die Eltern als angegriffen und beschuldigt erleben. Hingegen ist anzunehmen, dass sie dann berichten, wie sie selbst das Kind erfahren, dass sie ihre Gefühle äußern und zusammen mit den Erzieher/innen nach Lösungen für das Problem suchen.

Ferner trägt zu einem positiven Gesprächsverlauf bei, wenn die Fachkräfte beispielsweise

- die *Kompetenzen und Erfahrungen der Eltern wertschätzen*, bestätigen und aktivieren,
- viele *offene Fragen* stellen, da diese die Eltern zum Sprechen ermutigen,
- zeitnah und direkt *Feedback geben*, weil dadurch der Informations- und Erfahrungsaustausch aufrechterhalten und intensiviert wird,
- sich *mit eigenen Äußerungen zurückhalten* (viele Elterngespräche werden von den Erzieher/innen dominiert!),
- *Aussagen konkretisieren*, indem Beispiele gesucht und diskutiert werden,
- *neu gewonnene Erkenntnisse betonen* und mit den Eltern die Konsequenzen herausarbeiten,
- bei Problemen *gemeinsam* nach Lösungen suchen und deren Umsetzung planen,
- *Positives* (Fortschritte, gute Ideen, Einsichten, Lösungsvorschläge, Erfolge usw.) *verstärken*,
- *das Gespräch strukturieren*, sodass alle beim jeweiligen Thema bleiben (neu auftretende Fragestellungen auf später oder einen anderen Termin verschieben) und für alle Themen genügend Zeit da ist, sowie eventuell eine *Pause* einlegen.

Die Gesprächsergebnisse sollten vor der Verabschiedung der Eltern zusammengefasst werden.

Gesprächssituation

Bei Termingesprächen sollten Erzieher/innen *eine Situation schaffen, die zum Wohlbefinden von Eltern beiträgt.* Beispielsweise empfiehlt Dusolt (2001): „Ein heller, ansprechend gestalteter Raum schafft angenehme Gesprächsatmosphäre. Zu empfehlen sind gepolsterte Konferenzstühle (evtl. mit Armlehne) mit einem niedrigen Teetischchen in der Mitte der Sitzgruppe: Die Konferenzstühle sind auch bei längeren Gesprächen bequem, durch die aufrechte Sitzhaltung ist man aber gleichzeitig angehalten, im Gespräch geistig präsent zu bleiben. ‚Gemütliche' Polstersessel verleiten dagegen zu sehr zum ‚Plausch' oder – bei längeren Gesprächen – zum geistigen ‚Abdriften'. Das Teetischchen in der Mitte schafft zum einen die für ein Elterngespräch notwendige Distanz, lässt aber gleichzeitig eine wesentlich größere Nähe zu, als dies z.B. bei einem Konferenztisch der Fall ist; das Anbieten von Kaffee oder Gebäck kann es Eltern zusätzlich erleichtern, die bei solchen ‚offiziellen' Gesprächen bestehende Hemmschwelle zu überwinden" (S. 23). Migranteneltern erwarten oft eine gewisse „Bewirtung" (traditionelle Gastfreundschaft) und bevorzugen häufig Tee gegenüber Kaffee.

Zumeist empfiehlt es sich, sich über Eck zu setzen (insbesondere bei Konfliktgesprächen sollten die Parteien einander nicht frontal gegenüber sitzen). Störungen durch Telefonate, Kolleg/innen und Kinder sollten möglichst ausgeschlossen werden (z.B. durch das Umstellen des Telefons und ein Schild an der Tür). Die Eltern sollten wissen, wie viel Zeit für das Gespräch zur Verfügung steht, sodass nicht zu viel Zeit mit dem am Anfang der Besprechung durchaus wichtigen Austausch von „Belanglosigkeiten" verbracht wird.

Egal ob das Termingespräch von den Eltern oder von den Erzieher/innen veranlasst wurde, sollten beide Seiten im Voraus wissen, um welche Themen es gehen wird, sodass *sie sich vorbereiten können.* Die Fachkräfte sollten sich auch Gedanken gemacht haben, ob eine förderliche oder eher hinderliche Dynamik zwischen ihnen und den jeweiligen Eltern besteht bzw. wie sich diese während der Besprechung entwickeln könnte. Ferner sollten sie prüfen, welche Gefühle bei ihnen bzw. bei ihren Gesprächspartnern durch die einzelnen Themen geweckt worden sind bzw. entstehen könnten. Ansonsten ist die Vorbereitung davon abhängig, um welche Art von Gespräch es sich handelt (z.B. Anmelde-, Entwicklungs- oder Beratungsgespräch; siehe die vorangegangenen Kapitel).

Zu ergänzen ist noch, dass vermieden werden sollte, irgendwelche umfangreichen Frage- oder Checklisten abzuarbeiten, da dies ein offenes und dialogisches Gespräch unmöglich macht. Dasselbe gilt, wenn die Fachkräfte viel mitschreiben – sie sollten sich auf einige Stichworte beschränken, dafür aber *das Protokoll möglichst direkt nach der Besprechung erstellen.*

Konfliktgespräche

In Kita-Alltag lässt es sich nicht vermeiden, dass es gelegentlich zu Auseinandersetzungen zwischen Erzieher/innen und Eltern kommt. Entstehen sie spontan während eines Tür- und Angel-Gesprächs oder eines Telefonats, sollte das Gespräch möglichst sofort beendet werden und ein Termin für eine Besprechung vereinbart werden. Auf diese Weise *wird vermieden, dass der Streit eskaliert* – und in den genannten Situationen können die unterschiedlichen Positionen sowieso nicht ausdiskutiert werden. Außerdem können sich beide Seiten in der Zwischenzeit erst einmal „abreagieren".

Ein Konfliktgespräch zu einem vereinbarten Termin hat den Vorteil, dass sich die Erzieher/innen *in Ruhe vorbereiten* können: Sie können weitere Beobachtungen anstellen, relevante Informationen sammeln und Kolleg/innen um ihre Meinung bitten. Das Gespräch kann im Team vorbesprochen werden, wobei verschiedene Strategien und die vermutlichen Reaktionen der Eltern darauf diskutiert und eventuell Sequenzen im Rollenspiel „geprobt" werden können. Emotionen wie Ärger, Wut, Angst oder das Gefühl, gekränkt und verletzt worden zu sein, können verbalisiert werden, was eine gewisse *Distanzierung von der eigenen Befindlichkeit* ermöglicht. Auch sollte man sich bewusst machen, dass eigene Beobachtungen, Ansichten und (erzieherische) Vorstellungen immer *subjektiv* sind und andere Personen durchaus etwas anderes wahrgenommen haben können bzw. das Recht besitzen, eigene Positionen zu beziehen. So kann auch die Ansicht der Eltern subjektiv richtig sein – was die Fachkraft oft erst aus einer gewissen Distanz heraus einsieht (also z.B. bei der Teamsitzung). Es wird dann deutlich, dass der Konflikt im Grunde ein *Machtkampf* ist, bei dem es darum geht, wer seine von ihm/ihr verabsolutierte Position durchsetzen kann.

Beim Konfliktgespräch – oder auch wenn es zu Auseinandersetzungen während eines „normalen" Termingesprächs kommen sollte – ist die erste Regel, *eine Eskalation zu vermeiden*. Die Hauptverantwortung hierfür liegt bei den Erzieher/innen als den Professionellen. So sollte zunächst den Eltern die *Gelegenheit geboten werden, der Fachkraft „die Meinung zu sagen"*. Dementsprechend sollten massive Gefühlsreaktionen im erträglichen Maß zugelassen werden. Die Erzieher/innen sollten sich auch unqualifizierte Äußerungen der Eltern anhören und versuchen, den persönlichen bzw. familialen Kontext und die dahinter stehenden Gefühle zu verstehen. „Insbesondere sollten Eltern vor dem Gefühl bewahrt werden, als Versager in der Erziehung ihrer Kinder dazustehen. Aufgrund eigener Verunsicherung zweifeln viele Eltern ohnehin an ihrer erzieherischen Kompetenz" (Dusolt 2001, S. 25).

Wurde hingegen die Erzieherin persönlich angegriffen bzw. emotional verletzt oder wurden ihre pädagogischen Fähigkeiten massiv in Frage gestellt, sollte sie zu Beginn des Gesprächs *offen* sagen, dass sie deswegen verärgert und unglücklich ist. Dann kann gemeinsam versucht werden, *auf der Beziehungsebene eine Klärung herbeizuführen*, sodass wieder ein sachlicher Austausch möglich wird.

Bei Konfliktgesprächen ist das zuvor erwähnte aktive Zuhören besonders wichtig. Allein schon das *Verständnis für das Anliegen des Gesprächspartners* führt dazu, dass ein Machtkampf verhindert wird. Dieser muss sich *nicht verteidigen*, sondern kann sich leichter mit den Problemen des Kindes oder seinen eigenen Schwierigkeiten auseinandersetzen und *nach Lösungen suchen*. Er wird kompromissbereit und zugänglicher für Vorschläge, Empfehlungen und Ratschläge.

Wenn die Eltern auf diese Weise den Eindruck gewonnen haben, die Fachkraft habe sie „endlich" verstanden, werden sie auch bereit sein, *sich die Argumente und Ansichten der Erzieherin in Ruhe anzu-*

hören. So wird ein sachliches Gespräch möglich. Dabei darf die Erzieherin keinesfalls auf ihrer eigenen Position verharren, sondern sollte ebenfalls kompromissbereit sein: „Sodann kann sie überprüfen, ob es Aspekte des elterlichen Anliegens gibt, die sie annehmen kann, und solche, welche sie nicht annehmen kann. Ein Umsetzen der Anregung (und sei es auch nur teilweise) signalisiert den Eltern, dass sie ernst genommen werden! Aspekte, die zu übernehmen sie nicht bereit ist, sollte sie klar benennen und ihre Ablehnung ebenso klar begründen. Dabei hat sie natürlich das Recht, sich auf ihren persönlichen Arbeitsstil oder das pädagogische Konzept der Einrichtung zu berufen" (Dusolt 2001, S. 147). Insbesondere wenn beide Seiten erkennen, dass sie zuvor die eigene Position als „subjektive Wahrheit" verabsolutiert haben, ist ein *Kompromiss* möglich.

Falls es trotz aller Bemühungen zu einer emotional besonders stark aufgeladenen Situation kommen sollte, ist oft der *kontrollierte Dialog* ein Ausweg. Er umfasst die folgenden Schritte:

1. Die erste Person spricht.
2. Die zweite Person gibt das Gesagte in eigenen Worten wieder.
3. Die erste Person bestätigt, dass sie richtig verstanden wurde, oder ergänzt ihre Aussage.
4. Erst wenn sich die erste Person richtig verstanden fühlt, darf die zweite ihre Gedanken und Gefühle äußern.
5. Nun gibt die erste Person das Gesagte in eigenen Worten wieder (usw.).

Durch diese stark strukturierte Vorgehensweise kann oft ein Streitgespräch abgebaut werden. Ist dies nicht der Fall, *sollte die Besprechung abgebrochen werden* und ein neuer Termin vereinbart werden – in der Hoffnung, dass sich bis dahin die Gemüter beruhigt haben. Manchmal ist es aber auch sinnvoll, wenn das nächste Gespräch von einer anderen (neutralen) Fachkraft geführt wird. Das gilt vor allem für den Fall, wenn Erzieherin und Eltern aufgrund ihrer Persönlichkeitsstrukturen nicht miteinander zurechtkommen oder ihre Beziehung bereits stark zerrüttet ist. Dann empfiehlt es sich auch, dass das Kind die Kita-Gruppe (oder notfalls die Einrichtung) wechselt.

Bei von den Betroffenen nicht lösbaren Konflikten kann *ein externer Vermittler* (z.B. Fachberaterin, Erziehungsberater, Supervisor) eingeschaltet werden. Diese Person muss unbedingt neutral bleiben, darf sich also nicht mit einer Seite solidarisieren oder sich ihr gegenüber zur Loyalität verpflichtet fühlen. Auch sollte sie von eigenen Vorstellungen, wie eine Konfliktlösung aussehen könnte, frei sein, denn nur diejenige Lösung ist auf Dauer tragbar, die von den beiden Parteien gefunden wurde und mit der diese am besten leben können.

Die vermittelnde Person übernimmt die Gesprächsleitung und stellt sicher, dass beide Seiten nacheinander zu Wort kommen und ihre Positionen sachlich, klar und deutlich zum Ausdruck bringen. Dann überprüft sie, ob beide Seiten einander verstanden haben. Ist dies nicht der Fall, versucht sie, die Haltung der einen Seite für die andere deutlich zu machen. Ansonsten hilft sie ihnen, einen konstruktiven Kompromiss zu finden. Manchmal müssen aber auch die Ursachen für den Konflikt bzw. die ihm zugrunde liegenden Gefühle und Bedürfnisse bewusst gemacht und bearbeitet werden, da sonst die „Lösung" oberflächlich bleibt und es bald zu neuen Konflikten kommen würde. Sollten mehr als ein Treffen notwendig sein (insbesondere wenn intensive Beziehungsstörungen entdeckt wurden), muss jedoch oft nach anderen Lösungen gesucht werden (z.B. *Wechsel der Gruppe bzw. der Einrichtung*).

Beschwerden

„Beschwerden von Eltern gehören zum Alltag in einer Einrichtung und sind nichts Außergewöhnliches. In einer Institution gibt es viele und unterschiedliche Eltern, d.h. Einstellungen, Haltungen und Ansichten. Eltern haben ein Recht, ihre Ansichten über bestimmte Dinge zu äußern. Trotzdem wird eine Beschwerde vielfach als persönlichen Angriff und Kritik wahrgenommen. Die meisten Menschen haben nicht gelernt, mit Kritik positiv umzugehen. Folglich wird Kritik als etwas Bedrohliches erlebt, und massive Angst stellt sich ein" (Bernitzke/Schlegel 2004, S. 135). Die Fachkraft fühlt sich abgewertet.

Ähnlich wie bei Streitgesprächen sollten sich Erzieher/innen bei Beschwerden zunächst einmal *von ihren eigenen Gefühlen distanzie-*

96

ren, das Anliegen der Eltern zu verstehen suchen und sich auf den Sachinhalt konzentrieren. Dann fällt es ihnen leichter, angemessen auf die Eltern einzugehen (z.B. Verständnis zu zeigen oder um Erklärungen zu bitten). Sinnvoll ist es, Beschwerden zunächst einmal als Hinweis auf zu lösende Probleme zu verstehen – als etwas Positives, das zu einer Verbesserung der pädagogischen Arbeit bzw. der Situation in der Kindertageseinrichtung beitragen kann. Je nach Art der Beschwerde muss sich die Erzieherin *entschuldigen* (wenn sie einen Fehler gemacht hat), im Gespräch mit den jeweiligen Eltern *nach einer Lösung suchen* oder versprechen, *die Problematik bei der nächsten Teamsitzung anzusprechen* und anschließend Rückmeldung zu geben. Gelegentlich können die Eltern auch in die Pflicht genommen werden, bei der Umsetzung ihrer Vorschläge mitzuwirken.

Generell empfiehlt es sich, in der Kindertageseinrichtung ein *Beschwerdemanagement* einzurichten. Sobald bei einer Fachkraft eine Beschwerde eingeht, wird diese in eine Beschwerdeliste eingetragen. Die Liste wird dann bei der nächsten Teamsitzung besprochen, sodass die einzelnen Beschwerden schnell „abgearbeitet" werden können. Es wird geklärt, inwieweit die jeweilige Beschwerde berechtigt ist, wo ein Veränderungsbedarf besteht, was zu unternehmen ist und wer für die Umsetzung von Beschlüssen verantwortlich ist. Dann werden die jeweiligen „Beschwerdeführer" unterrichtet.

Schon bei den ersten Kontakten sollten neue Eltern auf das Beschwerdemanagement hingewiesen werden. Allen Eltern sollte bewusst sein, dass sie jederzeit Kritik äußern oder Veränderungswünsche vortragen können – in Tür- und Angel- sowie Termingesprächen, schriftlich bzw. anonym („Beschwerdebriefkasten") oder im Elternbeirat bzw. über die Elternvertretung.

Eine *schriftliche Befragung* kann einmal pro Jahr der „repräsentativen" Erfassung der Meinungen aller Eltern über die Kindertageseinrichtung dienen. Die in der Regel sehr positive Rückmeldung kann so manche Beschwerde relativieren...

Fazit

Die Gesprächsführung mit Eltern und insbesondere das richtige Verhalten bei Beratungs- und Konfliktgesprächen können nur sehr begrenzt während der Ausbildung von Erzieher/innen geschult werden. Die Fachkräfte müssen sich also die notwendigen Kompetenzen während der Berufstätigkeit aneignen. Vieles lernen sie durch Erfahrung oder im Austausch mit Kolleginnen. Ferner sollten sie relevante *Fortbildungen* besuchen (insbesondere solche, bei denen sie Gesprächssituationen im Rollenspiel proben können oder wo ihre Reaktionen auf Video festgehalten werden, was zur Selbsterfahrung beiträgt). Wenn Fachkräfte feststellen, dass sie immer wieder dieselben Fehler machen oder mit bestimmten Eltern (-gruppen) nicht zurechtkommen, sollten sie auch eine *Supervision* in Betracht ziehen.

Erziehungspartnerschaft mit Migranteneltern

Betrachtet man das gesamte System der Kindertagesbetreuung, so kann man mit Recht sagen: Heute ist die ganze Welt in der Kindertageseinrichtung vertreten! Es dürfte auf der Erde wohl kein (größeres) Volk geben, aus dem nicht mindestens ein Kind eine deutsche Kindertagesstätte besucht.

Während vor 100 Jahren nur einige reiche Menschen die Chance hatten, andere Kulturen kennen zu lernen, können dies heute schon Kleinkinder tun: in der Kindertageseinrichtung. Nahezu automatisch werden sie zu „Weltbürgern" – sofern es in ihrer Tagesstätte zu einem vorurteilsfreien, offenen Dialog zwischen den Kulturen kommt. Dies ist aber nur auf der Grundlage einer intensiven Zusammenarbeit von Erzieher/innen und zugewanderten Eltern möglich.

Gelingt es also, eine Erziehungspartnerschaft mit Migrant/innen einzugehen und diese in die pädagogische Arbeit einzubinden, dann können *allen* Kindern – nicht nur den deutschen – *wichtige Bildungserfahrungen* vermittelt werden: Sie lernen andere Kulturen, Religionen, Lebensweisen, Bräuche, Sprachen und Werthaltungen kennen, entwickeln soziale und kommunikative Kompetenzen im Umgang mit (erwachsenen) Migrant/innen, werden empathisch für deren besondere Lebenssituation in Deutschland und sind eher gefeit gegen Ethnozentrismus, Ausländerfeindlichkeit und Rassismus.

Eine intensive Kooperation mit Migranteneltern ist natürlich auch aus dem Grund wichtig, weil die Erziehung, Betreuung und Bildung ihrer Kinder *mit besonderen Herausforderungen* für Erzieher/innen verbunden sind: So ist deren Familiensituation (Hierarchie, Arbeitsteilung, Geschlechtsrollenleitbilder, Erziehungsverhalten der Eltern usw.) schwerer zu erschließen und oft durch große Belastungen (s.u.) gekennzeichnet. Die Erzieher/innen müssen beispielsweise erfassen,

- wie groß der Einfluss der Herkunftskultur (noch) ist,
- welche Sprache (wie gut) in der jeweiligen Familie verwendet wird,
- wie die Eltern zu Deutschland und insbesondere dem deutschen Bildungssystem stehen,
- ob sie hier auf Dauer leben wollen,

- inwieweit sie die hiesige Kultur akzeptieren und sich ihr anpassen,
- ob sie die Bedeutung einer guten Schulbildung erkannt haben und
- wie sie die Migrationserfahrung geprägt hat.

Die Fachkräfte benötigen diese Informationen, um z.B. dem Kind helfen zu können, mit Widersprüchen zwischen seinen Erfahrungen in der Familie und denen in der Kindertageseinrichtung fertig zu werden.

Nachdem die PISA-Studien erneut auf die Benachteiligung von Migrantenkindern im deutschen Bildungssystem aufmerksam gemacht haben und als Hauptursache die unzureichende Beherrschung der deutschen Sprache bezeichnet haben, sind die Anforderungen an die *Sprachförderung* in der Kindertageseinrichtung gestiegen. Auch hier sind Erzieher/innen auf eine gute Kooperation mit den Eltern angewiesen, *da ihr Erfolg weitgehend von deren Unterstützung abhängt* – inwieweit die Eltern ihr Kind motivieren, ob sie selbst mit gutem Beispiel vorangehen (einen Sprachkurs besuchen, sich um die Verbesserung ihrer Sprachkompetenz bemühen...) und ob sie die häusliche Lebenssituation ihres Kindes mit deutschsprachigen Elementen (z.B. Bilderbüchern, Märchen- und Musikkassetten, Fernsehsendungen für Kinder) bereichern. Schließlich kann die Erziehungspartnerschaft dazu beitragen, dass Migrantenfamilien besser in die deutsche Gesellschaft integriert werden: Die Institution „Kindertageseinrichtung" ist ein öffentlicher Raum, den zugewanderte Eltern mit relativ geringen Schwellenängsten betreten.

Migrantenfamilien – eine komplexe Zielgruppe

Erziehungspartnerschaft mit Migrant/innen wird dadurch erschwert – bzw. erhält ihren besonderen Reiz! –, dass die Unterschiede zwischen den verschiedenen Kulturen sowie zwischen Gruppen wie Arbeitsmigrant/innen, Aussiedler/innen, Asylant/innen, Flüchtlingen, Asylbewerbern und binationalen Familien sehr groß sind (zu Flüchtlingen siehe Textor 2016). Auch innerhalb einer Kultur bzw. Gruppierung unterscheiden sich die Familien – Erzieher/innen sollten also vermeiden, von mit einer Familie gemachten Erfahrungen auf andere Familien aus demselben Land zu schließen: Andere Kulturen sind genauso vielschichtig wie die deutsche. Deshalb sind Stereotype zu vermeiden: Beispielsweise werden viele griechische Kita-Eltern von dem Vorschlag, beim Sommerfest einen Sirtaki vorzuführen, genauso wenig begeistert sein, wie wenn Deutsche einen Schuhplattler tanzen sollen...

Die Lebenssituation einer jeden Migrantenfamilie ist also einzigartig und muss von den Erzieher/innen durch Beobachtung und im Gespräch mit den Eltern erschlossen werden. Dabei werden sie aber durchaus auf „typische" Probleme stoßen, wie Bernitzke und Schlegel (2004) am Beispiel von Familien aus Südosteuropa und der Türkei verdeutlichen: Diese befinden sich oft „in einer inneren Zerrissenheit, weil sie zunächst nur einen zeitlich begrenzten Aufenthalt in Deutschland planten. Während ihres Aufenthalts erlebten sie eine Veränderung ihrer Person und ihrer Erinnerung an die Heimat. Viele Familien können den Verzicht auf eine Rückkehr in ihr Heimatland nicht verarbeiten. Sie fühlen sich sozusagen zu keinem Land mehr richtig zugehörig. Auch leben ihre älteren Kinder weitgehend nach deutschen Normen und Gebräuchen. Die Eltern haben jedoch den Wunsch, den Kindern ihre Traditionen und Werthaltungen aus dem Heimatland zu vermitteln" (S. 201). Daraus resultieren oft Vorbehalte gegenüber der Kindertageseinrichtung, die als „Repräsentant" deutscher Kultur wahrgenommen wird. Das gilt verstärkt für (streng) muslimische Familien. Aufgrund der hier weit verbreiteten Geschlechtsrollendefinitionen müssen Erzieher/innen auch damit rechnen, dass sie von den Vätern (Männern) nicht als gleichwertig und gleichberechtigt angesehen werden.

Viele Migrant/innen können sich *nur schlecht in der deutschen Sprache verständigen.* Dies gilt vor allem für Asylbewerber, die erst kurze Zeit in Deutschland leben und in ihrem Heimatland keine Deutschkenntnisse erworben haben. Außerdem können Erzieher/innen nicht davon ausgehen, dass Migrant/innen selbst nach einem mehrjährigen Aufenthalt in der Bundesrepublik gut Deutsch sprechen. Viele Personen (insbesondere Frauen in streng muslimischen Familien) leben relativ isoliert und sprechen zu Hause sowie im Freundes- und Bekanntenkreis nur in ihrer Herkunftssprache.

Dank Satellitenempfang nutzen sie nahezu ausschließlich Rundfunk- und Fernsehkanäle aus ihrem Heimatland. Häufig können sie problemlos Zeitungen, Bücher, Videos und Musik-CDs in ihrer Herkunftssprache erhalten. Erzieher/innen stellen oft erst nach mehreren Kontakten fest, wie schlecht die Deutschkenntnisse dieser Migrant/innen sind, weil diese zunächst durch Kopfnicken oder kurze Bestätigungen den Eindruck erwecken, dass sie alles verstanden hätten. Erst wenn sie sich an scheinbar Vereinbartes nicht halten, wird deutlich, dass dies eben nicht der Fall war.

Migrantenfamilien unterscheiden sich des Weiteren hinsichtlich ihrer Aufenthaltsperspektive (auf Dauer ↔ unsicher bzw. drohende Abschiebung), ihres sozialen Status (gut verdienende Selbständige und Akademiker ↔ Arbeitslose und Hilfsarbeiter), des Ausmaßes von Diskriminierungserfahrungen und des Grades der Integration in die deutsche Gesellschaft bzw. in eine ethnische Subkultur. Besonders problematisch ist oft die Situation geschiedener bzw. allein erziehender Frauen, da sie in ihrer Bevölkerungsgruppe wenig Akzeptanz und Unterstützung finden.

Verständigungsprobleme reduzieren

Im alltäglichen Kontakt zu Migrant/innen, die wenig Deutsch können, müssen sich Erzieher/innen weitgehend auf die nonverbale Kommunikation verlassen. Das heißt, sie müssen Mimik, Gesten, Zeichen und Bilder bewusst einsetzen. Schlösser (2004) berichtet, dass Erzieher/innen „zunächst mit Spontaneität und Herzlichkeit versuchen, unsichere Situationen zu überwinden. Dass sie spüren, dass ein Lächeln, eine kurze Berührung am Arm (Mitteleuropäer empfinden in der Regel einen Körperabstand von etwa 1 ½ m als angemessen; Südeuropäer akzeptieren auch einen Körperabstand von ½ m als angenehm), ein einladendes Winken, ein Deuten auf ein Foto des Kindes oder ein Vorzeigen von gemalten Bildern oder gebastelten Dingen des Kindes wahre *Türöffner* sind" (S. 46). Hilfreich ist auch, wenn sich die Erzieherin einige Worte in der jeweiligen Herkunftsprache angeeignet hat. Zumindest sollte sie aber die Namen der Migrant/innen korrekt aussprechen.

Nonverbale Kommunikation und Radebrechen führen natürlich nicht weiter, wenn Aufnahme-, Entwicklungs- oder Beratungsgespräche anstehen. Manche Kindertageseinrichtungen mit einem hohen Migrantenanteil haben inzwischen Fachkräfte eingestellt, die z.B. in einer türkischen Familie aufgewachsen sind und dann solche Elterngespräche übernehmen und in Türkisch führen können. In den meisten Fällen werden sich aber die Erzieher/innen um *Dolmetscher/innen* bemühen müssen. Häufig können sie dabei auf andere Kita-Eltern zurückgreifen, die sowohl Deutsch als auch die jeweilige Herkunftssprache beherrschen. Zu beachten ist, dass zumeist eine „freie" Übersetzung erfolgt und insbesondere dann Missverständnisse auftreten können, wenn auch der Dolmetscher nur über geringe Deutschkenntnisse verfügt. Außerdem ist vor allem bei Beratungs- und Konfliktgesprächen sicherzustellen, dass die anderen Kita-Eltern als Dolmetscher/innen akzeptiert werden und die Vertraulichkeit der Gespräche gesichert ist.

Gibt es keine geeigneten Kita-Eltern oder werden diese abgelehnt, finden Erzieher/innen (oft sogar pädagogisch qualifizierte) Dolmetscher/innen z.B. über die Ausländerberatungsstellen der Wohlfahrtsverbände, die kommunalen Ausländerbeiräte und Migrantenorganisationen. Aber auch benachbarte Kindertageseinrichtungen können manchmal weiterhelfen.

Vor längerer Zeit zugewanderte Kita-Eltern können zudem als Dolmetscher/innen bei Elternveranstaltungen eingesetzt werden, die ansonsten von Migrant/innen mit wenig Deutschkenntnissen nicht besucht werden würden. Dann können „*Murmelgruppen*" gebildet werden: Die dolmetschende Person sitzt neben oder hinter den zugewanderten Eltern und übersetzt simultan, mit einer flüsternden Stimme. In solchen Fällen ist es sinnvoll, wenn die Erzieher/innen möglichst langsam sprechen und die dolmetschende Person vorab über zentrale Inhalte der Veranstaltung informieren.

Außerdem können Migranteneltern mit guten Deutschkenntnissen wichtige Veröffentlichungen der Kindertageseinrichtung (z.B. Anmeldebögen, Informationsbroschüren, Konzeption) übersetzen, aber auch Elternbriefe, Ankündigungen von Veranstaltungen oder Aushänge für das „schwarze Brett". Ansonsten sollten sich Erzieher/innen in Kindertageseinrichtungen mit einem hohen Migrantenanteil bemühen, schriftliche Informationen und Mitteilungen in einem gut verständlichen Deutsch abzufassen. Beispielsweise sollten sie in kurzen Sätzen schreiben, einfach und prägnant formulieren, auf Anschaulichkeit achten und Fremdwörter vermeiden. Auch können sie sich z.B. in Tür- und Angel-Gesprächen vergewissern, ob die Migrant/innen Handzettel, Einladungsschreiben usw. verstanden haben.

Eine besondere Situation ist bei binationalen Paaren gegeben. Hier besteht eine gewisse Gefahr, dass sich Erzieher/innen überwiegend an den deutschen Elternteil wenden, vor allem wenn der andere die deutsche Sprache nicht oder kaum beherrscht. Damit sich Letzterer nicht ausgeschlossen fühlt, sollte er gezielt zu Gesprächen und Veranstaltungen eingeladen und immer wieder direkt angesprochen werden – sein Partner steht ja als Dolmetscher zu Verfügung.

Wenn Migrant/innen merken, dass Erzieher/innen immer wieder versuchen, mit ihnen – trotz ihrer schlechten Deutschkenntnisse – Tür- und Angel-Gespräche zu führen und ihnen die Teilnahme an Elternveranstaltungen zu ermöglichen (z.B. durch Dolmetscher/innen), werden sie motiviert, Deutsch zu lernen. Die Fachkräfte können sie dann auf geeignete *Sprachkurse* von Volkshochschulen, Kulturverbänden usw. aufmerksam machen. Inzwischen gibt es auch Seminare nur für Frauen (bei streng muslimischen Familien dürfen die Mütter nicht mit fremden Männern in Kontakt kommen). Sprachkurse können sogar in der Kindertageseinrichtung stattfinden und von deutschen Eltern durchgeführt werden.

Die Motivation, Deutsch zu lernen, ist oft größer, wenn die Migrant/innen erleben, dass *ihre Herkunftssprache von den Erzieher/innen geschätzt wird*. Indizien dafür sind z.B. mehrsprachige Anschläge am „Schwarzen Brett", entsprechende Beschriftungen von Fotos an der Fotowand oder ein selbst gestaltetes Plakat im Eingangsbereich, auf dem die Familien in allen in der Kindertageseinrichtung vertretenen Sprachen willkommen geheißen werden. Erzieher/innen können Bilderbücher und Kassetten mit Liedern in der jeweiligen Herkunftssprache anschaffen, aber auch Elternratgeber und Broschüren für die Elternbibliothek bzw. -sitzecke. Letztere sind – zu ganz unterschiedlichen Themen – bei Bundes- und Landesministerien, Wohlfahrtsverbänden und Migrantenvereinigungen erhältlich.

Termingespräche mit Migrant/innen

Aufnahme-, Entwicklungs- und Beratungsgespräche sind der Kern-
bereich der Erziehungspartnerschaft; sie müssen regelmäßig auch mit
Migrantenteltern geführt werden – trotz des eventuell damit verbundenen hohen Aufwands (z.B. Besorgen eines Dolmetschers). Sie
dürften sogar *häufiger notwendig* sein als Termingespräche mit deutschen Eltern, da Migrantenkinder überdurchschnittlich oft besondere
Bedürfnisse haben (z.b. Sprachschwierigkeiten, Integrationsprobleme). Hinzu kommt, dass Migrant/innen weniger Vorwissen über
Kindertageseinrichtungen haben und vielfach schriftliches Informa-
tionsmaterial wie die Konzeption nicht lesen können. So müssen sie
im Gespräch über die pädagogische Arbeit, den Tagesablauf, die
Bring- und Abholzeiten, das Verhalten bei besonderen Vorfällen
(z.B. Erkrankung des Kindes), die Erwartungen an die Eltern, die
Rolle des Elternbeirats und des Trägers, die Qualifikation der Erzie-
her/innen u.v.a.m. aufgeklärt werden. Termingespräche mit Mig-
rant/innen sind also viel zeitaufwändiger als solche mit deutschen
Eltern – insbesondere wenn Dolmetscher/innen hinzugezogen werden müssen.

Dem *Anmeldegespräch* kommt eine besondere Bedeutung zu, da
hier viele der gerade erwähnten Informationen über die Kindertagesstätte vermittelt werden können – verbunden mit einem Rundgang
durch die Einrichtung. Zugleich können sich die Erzieher/innen einen Eindruck von den Deutschkenntnissen der Migrant/innen ver-
schaffen, sodass sie für zukünftige Termingespräche wissen, ob sie
einen Dolmetscher benötigen oder nicht. Beim Anmelde- oder einem
zusätzlichen Aufnahmegespräch sollten neben der Entwicklung und
besonderen Bedürfnissen des jeweiligen Kindes auch die Lebensbedingungen der Familie und die Migrationserfahrungen der Eltern
erfasst werden. Ferner können die wechselseitigen Erwartungen und
Wünsche hinsichtlich der Erziehung des Kindes und der Zusammenarbeit von Eltern und Erzieher/innen diskutiert werden. Über die bei
deutschen Eltern üblichen Themen hinaus muss beispielsweise geklärt werden, wie die *Entwicklung der Mehrsprachigkeit* beim jeweiligen Kind gemeinsam gefördert werden kann, was für seine Integration in die Kindergruppe (und in die deutsche Gesellschaft) hilfreich

ist und wie sich seine Eltern als Fachpersonen für die Erstsprache einbringen können. Es sollte deutlich werden, dass eine Erziehungs- und Bildungspartnerschaft angestrebt wird und Elterngespräche deren Grundlage sind – also jederzeit geführt werden können.

Dennoch werden Vorbehalte und Ängste bei den Migrant/innen bleiben. Nur wenn sie in den ersten Wochen und Monaten zerstreut werden, kommt in der Regel eine gute Kooperation zustande. Eine Schlüsselfunktion haben hier *Tür- und Angel-Gespräche*: Werden Migranteneltern beim Bringen oder Abholen ihrer Kinder immer wieder von den Fachkräften angesprochen, so fühlen sie sich bald angenommen und akzeptiert. Dieser Eindruck wird noch verstärkt, wenn Erzieher/innen gelegentlich *in Angelegenheiten des täglichen Lebens helfen*, also z.B. auf Wunsch einen Behördenbrief erklären oder beim Ausfüllen eines Formulars helfen.

Zum Wohlbefinden trägt auch bei, wenn die Eltern während der Eingewöhnungszeit ihres Kindes in der Kindertageseinrichtung bleiben dürfen und dort z.B. in einem Elterncafé von „alten" Kita-Eltern betreut werden, wenn der Kontakt zu anderen Migrant/innen seitens der Erzieher/innen gefördert wird oder wenn sie in der Kindergruppe *hospitieren* können. Zum einen wird die Hospitation von den Eltern als eine Art „Vertrauensbeweis" verstanden. Zum anderen macht die Erzieherin ihre pädagogische Arbeit transparent, ohne sie verbal beschreiben zu müssen – was ja bei Migrant/innen mit schlechten Deutschkenntnissen nur schwer möglich oder mit einem hohen Aufwand verbunden ist.

Nach der Eingewöhnung oder zu einem späteren Zeitpunkt sollte ein *Entwicklungsgespräch* mit den Eltern geführt werden. Neben den hier üblichen Themen wird zusätzlich über die Lebensbedingungen der Familie und über ihre *Zukunftsperspektiven* gesprochen. Wird den Migrant/innen bewusst, dass ihr Kind höchstwahrscheinlich in Deutschland bleiben wird, sind sie eher bereit, mit den Erzieher/innen zu besprechen, wie seine Integration und seine Sprach- kompetenz verbessert werden können. In diesem Zusammenhang sollte den Eltern verdeutlicht werden, *wie wichtig eine gute Schulbil- dung ist und dass die Voraussetzungen dafür in Familie und Kinder- tageseinrichtung gelegt werden.* So wird das Interesse der Eltern am pädagogischen Angebot der Einrichtung gefördert – und ihre Bereitschaft, die Arbeit der Fachkräfte zu unterstützen, indem sie z.B. ihrem Kind deutschsprachige Bilderbücher und CDs/DVDs kaufen.

Bei Termingesprächen sollten Erzieher/innen einerseits Interesse am kulturellen Hintergrund, an den Bildungszielen und an dem Erziehungsstil der Migrant/innen zeigen und andererseits die Eltern motivieren, sich mit der deutschen Kultur und westlichen Erziehungsvorstellungen zu befassen. In diesem Kontext werden sie auch mit den Anforderungen der Grundschule vertraut gemacht; *eine gründliche Vorbereitung auf den Übergang ist bei Migrantenkindern besonders wichtig.* Die Eltern werden Anregungen der Erzieherin eher aufgreifen, wenn sie merken, dass diese *ein positives Bild von ihrem Kind hat* – also nicht auf Defiziten (z.B. mangelnde Deutschkenntnisse) fokussiert, sondern auf Kompetenzen (z.B. Mehrsprachigkeit, Leben in zwei Kulturen, Bewältigung der Migration und den damit verbundenen Transitionen).

Ist eine durch Vertrauen und Offenheit gekennzeichnete Erziehungspartnerschaft entstanden, bitten Migrant/innen gelegentlich auch von sich aus um Termine für *Beratungsgespräche*. Neben Erziehungsschwierigkeiten werden dann häufig Integrationsprobleme thematisiert. Die Erzieher/innen können jedoch nur begrenzt Handlungsmöglichkeiten aufzeigen und Unterstützung bieten. In vielen Fällen werden sie die Eltern an zuständige Behörden, Beratungsstellen und andere psychosoziale Dienste *weitervermitteln* müssen, wobei nicht der Eindruck entstehen darf, dass sie die Familien „abschieben" möchten.

Insbesondere bei einem hohen Migrantenanteil in der Einrichtung sollte sich die Kindertageseinrichtung mit Ausländeramt, Migrationsdiensten, Kulturvereinen, Ausländerbeirat usw. *vernetzen*, um schnell und unbürokratisch auf ihre Dienste zurückgreifen zu können. Manchmal lassen sich deren Angebote – z.B. Sprachkurs, Sprechstunde, Beratung – auch in die Kindertageseinrichtung hinein holen.

Treten Erzieher/innen von sich aus an Migrant/innen heran, um mit ihnen über Verhaltensauffälligkeiten und andere Probleme des jeweiligen Kindes oder über das Erziehungsverhalten der Eltern zu reden, müssen sie oft mit Widerständen und Konflikten rechnen. Manchmal werden dann zu den Termingesprächen Verwandte geschickt – die Eltern schützen sich so davor, das Gesicht zu verlieren. In diesem Fall sollten die Erzieher/innen flexibel sein und ihre Anliegen mit den Verwandten besprechen – die Informationen werden schon bei den Eltern ankommen. Migrant/innen sind auch oft nicht bereit, während des Gesprächs Entscheidungen zu fällen oder irgendwelche Zusagen zu machen. Es ist bei ihnen üblich, die Problematik zunächst in der (erweiterten) Familie zu erörtern. Wird ein Termingespräch nur mit der Mutter geführt, sollten Erzieher/innen bedenken, dass in vielen Kulturen der Mann als Familienoberhaupt alle wichtigen Entscheidungen fällt: Die Mutter wird sich bei einem solchen Gespräch also auf eine zuhörende und nachfragende Rolle beschränken. Gerade in solchen Fällen ist es sinnvoll, Termingespräche prinzipiell mit *beiden* Eltern zu führen.

Elternabende und Gesprächskreise

Die Nutzung von allgemeinen Angeboten der Erziehungspartnerschaft durch Migrant/innen hängt weitgehend davon ab, wie gut sie Deutsch verstehen und sich in der Elternschaft integriert fühlen. Wie bereits erwähnt, können Erzieher/innen durch Dolmetscher/innen bzw. „Murmelgruppen" sicherstellen, dass auch Migrant/innen mit schlechten Sprachkenntnissen von Elternabenden und anderen Veranstaltungen profitieren. Haben zugewanderte Eltern Angst, dass z.B. bei Vorstellungsrunden peinliche Situationen aufgrund ihres fehlerhaften Deutsch oder ihrer Aussprache entstehen könnten, kann auf derartige Veranstaltungselemente verzichtet werden.

Erzieher/innen können aber auch zu einer besseren Integration von Migrant/innen in die Elternschaft der Kindertageseinrichtung beitragen, indem sie Themen für Elternabende oder Gesprächskreise wählen, die automatisch *zu einem Austausch zwischen deutschen und zugewanderten Eltern führen*. Schlösser (2004) macht hier mehrere Vorschläge wie z.B. „Spiele und Lieder meiner Kindheit". Bei diesem Thema reichen geringe Deutschkenntnisse aus, um Spiele aus dem eigenen Kulturkreis vorzustellen, und die Lieder können in der Herkunftssprache vorgesungen werden. Auch können (deutsche und zugewanderte) Eltern motiviert werden, diese Spiele und Lieder ihren eigenen Kindern oder bei einem Besuch in der Kindergruppe allen Kindern beizubringen.

Ein anderes wichtiges Thema für einen Elternabend ist „Förderung der Mehrsprachigkeit in der Kita". Hier können die Erzieher/innen mit den Eltern besprechen, wie wichtig Mehrsprachigkeit in der heutigen Gesellschaft ist und dass Menschen eine zweite Sprache nur dann perfekt sprechen werden, wenn sie diese in der frühen Kindheit gelernt haben. Dann kann herausgearbeitet werden, dass ein Kind *umso leichter eine Zweitsprache erwirbt, je besser es die Erstsprache spricht* – Migrant/innen sollten also ihre Muttersprache bewusst pflegen, da deren Beherrschung oft einige Jahre nach der Zuwanderung nachlässt. Ferner können die Erzieher/innen darstellen, wie sie in der Kindertageseinrichtung die Sprachkompetenz *aller* Kinder fördern, wie sie Migrantenkindern die deutsche Sprache vermitteln und auf welche Weise deutsche Kinder eine Zweitsprache erlernen – nämlich auf spielerische und ganzheitliche Weise.

Aber auch ein *Elternabend nur für Migrant/innen* kann angeboten werden; Schlösser (2004) schlägt hierfür z.B. das Thema „Integration leben – Erfahrungen, Vorstellungen und Wünsche" vor: So können die Eltern zunächst ein Bild darüber malen, wie sie sich in Deutschland fühlen. Dann zeichnen jeweils zwei Elternteile ein „Integrationshaus" und ordnen dessen Bestandteilen vorgegebene Begriffe zu, die alle mit Integration zu tun haben (z.B. Toleranz, Kirche, Geld, Rechte). Danach stellt jedes Team seine Bilder vor. Es ergibt sich „automatisch" eine Diskussion darüber, was die Eltern unter Integration verstehen, wie weit sie sich in Deutschland als integriert erleben und was sie nun unter „Heimat" verstehen. Auch kann besprochen werden, wie Migrant/innen besser in die Kindertagesstätte, in die Elternschaft und in das Gemeinwesen integriert werden können.

In Kindertageseinrichtungen mit einem sehr hohen Migrantenanteil kann ein mehr oder minder regelmäßig stattfindender *Gesprächskreis für Migrant/innen* eingerichtet werden. Bei solchen Elterntreffs können Information, Erfahrungsaustausch und Geselligkeit in unterschiedlichen Anteilen gemischt werden. Beispielsweise können Ausländerbeauftragte, Mitarbeiter/innen von Behörden, Frauenärzte, Erziehungsberater u.a. zu relevanten Themen referieren, die zuvor mit den Eltern bei einem früheren Elterntreff oder während der

Bring- und Abholzeiten vereinbart oder von diesen auf einer ausgehängten Liste angekreuzt wurden. Die Migrant/innen können miteinander und mit den Erzieher/innen über die Erziehung der Kinder in Familie und Kindertageseinrichtung diskutieren, wobei sich auch Probleme wie ungesunde Ernährung oder Missachtung der Autorität der Fachkräfte durch manche Jungen (die Frauen nicht achten, weil diese in ihrer Herkunftskultur einen geringen Stellenwert haben) ansprechen lassen. Ferner können die Teilnehmer/innen miteinander kochen oder backen, Handarbeiten machen, einen Ausflug unternehmen usw. Leben viele Mütter in traditionell muslimischen Familien, sollte der Elterntreff auf Frauen begrenzt werden, damit diese Mütter teilnehmen können.

Werden Migrant/innen auf die skizzierte Art und Weise in der Kindertageseinrichtung aktiv, wächst das Interesse der deutschen Eltern an deren Herkunftsland: Ein *„Dialog der Kulturen"* beginnt. So können die ausländischen Eltern – gute Deutschkenntnisse vorausgesetzt – ihr Land bei einer Veranstaltung mit Hilfe von Videos und Dias vorstellen. Sie können über ihre Religion informieren und für interessierte deutsche Eltern die Besichtigung einer Moschee oder einer orthodoxen Kirche organisieren. So treten sie aus ihrer Randposition heraus; *engere Beziehungen zu Deutschen entstehen.*

Fazit

Erziehungspartnerschaft mit Migrant/innen kann also sehr intensiv werden. Jedoch muss auch immer mit Rückschlägen und Enttäuschungen gerechnet werden – manche zugewanderten Eltern wollen nicht Deutsch lernen, verweigern den Kontakt, sehen in der Kindertagesstätte eine reine Betreuungseinrichtung oder sind am Angebot einer Zusammenarbeit nicht interessiert. Davon sollten sich Erzieher/innen aber nicht entmutigen lassen: Suchen sie die Erziehungs- und Bildungspartnerschaft mit Migrant/innen, so werden sie viele positive Erfahrungen machen!

Partizipation von Eltern

Laut Artikel 6 Abs. 2 des Grundgesetzes sind Pflege und Erziehung das natürliche Recht der Eltern und die zuvörderst ihnen obliegende Pflicht. Dieser verfassungsrechtlich garantierte Erziehungsvorrang der Eltern wird in § 1 Abs. 2 des SGB VIII wiederholt. Damit wird verdeutlicht, dass Kindertagesstätten nur ein nachrangiges, abgeleitetes bzw. übertragenes Erziehungsrecht haben. Sie haben auch im Gegensatz zur Schule keinen eigenständigen Bildungsauftrag. *Das Bildungs- und Erziehungsrecht muss Erzieher/innen somit erst von den Eltern „per Vertrag" übertragen werden.*

Aus dieser Rechtslage – und aus der Tatsache, dass Eltern bei Kindertageseinrichtungen im Gegensatz zur Schule einen Teil der Kosten tragen müssen – resultiert eine andere *Machtposition der Eltern.* Dementsprechend heißt es im Kinder- und Jugendhilfegesetz, „dass die Fachkräfte in ihren Einrichtungen zusammenarbeiten 1. mit den Erziehungsberechtigten ... zum Wohl der Kinder und zur Sicherung der Kontinuität des Erziehungsprozesses, ... Die Erziehungsberechtigten sind an den Entscheidungen in wesentlichen Angelegenheiten der Erziehung, Bildung und Betreuung zu beteiligen" (§ 22a Abs. 2 SGB VIII).

Generell können vier Ebenen der Partizipation von Eltern unterschieden werden: das Kind, die Gruppe, die Kindertageseinrichtung und größere Systeme.

1. Ebene des Kindes

Das Interesse der Eltern an einer Erziehungs- und Bildungspartnerschaft beruht größtenteils auf dem Wunsch, dass sich ihr Kind in der Tageseinrichtung gut eingewöhnt, sich dort wohl fühlt und sich positiv entwickelt. Dementsprechend ist die Grundlage der Partizipation auf Ebene des Kindes der Informationsaustausch über dessen Entwicklung – in Tür-und-Angel-, Eingewöhnungs- und Entwicklungsgesprächen. Partizipation erfolgt dann, *wenn Eltern die Betreuung, Erziehung und Bildung ihres Kindes in der Einrichtung mitbestimmen können*, indem sie mit den Fachkräften spezifische Ziele und Aktivitäten vereinbaren. Auf diese Weise leisten sie einen Beitrag zu dem, was seit Jahrzehnten unter dem Schlagwort „Individualisierung der Erziehung" als zentrales Prinzip der (Früh-) Pädagogik diskutiert wird. Dies kann sogar auf formalisierte Weise erfolgen, wie das folgende Beispiel zeigt.

Beispiel: Bildungs- und Erziehungsverträge

In mehreren Bundesländern und Kommunen wird im Abschließen und regelmäßigen Aktualisieren von Erziehungsverträgen eine Möglichkeit gesehen, die Eltern mehr an der Bildung und Erziehung ihrer Kinder zu beteiligen. Die Vereinbarungen sind konkrete Übereinkünfte zwischen Eltern und Erzieher/innen, in denen die jeweiligen Verantwortlichkeiten klar beschrieben werden. Sie sind keine Verträge im rechtlichen Sinne, sondern freiwillige, aber dennoch verbindliche Vereinbarungen, die eine Basis für ein vertrauensvolles und verantwortungsbereites Miteinander sein sollen.

Bildungs- und Erziehungsverträge können Orientierungen und Überzeugungen, die grundlegend für einen sinnvollen Bildungs- und Erziehungsprozess sind, beinhalten, aber auch übergreifende sowie langfristig immer wieder neu anzugehende Zielsetzungen sowie konkrete Verhaltenszusagen. Auf jeden Fall sollte der Vertragsinhalt für alle Beteiligten leistbar sein: Eltern können nicht direkt das Verhalten ihres Kindes in der Kindertageseinrichtung beeinflussen, so wie Erzieher/innen dies nicht hinsichtlich des häuslichen Umfelds können. In Kinderhorten können außerdem die Kinder als dritte Vertragspartner einbezogen werden, die sich auf bestimmte Verhaltensweisen und -regeln festlegen.

2. Ebene der Gruppe

Nur für kurze Zeiträume im Verlauf eines Tages bzw. einer Woche erfährt ein Kind die ungeteilte Aufmerksamkeit der Erzieherin, finden eine individualisierte Bildung und Erziehung statt. Die meiste Zeit wird seine Entwicklung durch das allgemeine pädagogische Angebot, die Gruppendynamik und andere Faktoren auf der Gruppenebene bestimmt.

So kann man bei den meisten Eltern von einem relativ großen *Interesse an Informationen über die Arbeit der Gruppenerzieherin und der Zweitkraft, über den Tagesablauf, bildende Aktivitäten, besondere Projekte usw. ausgehen – oft verbunden mit dem Wunsch, darauf Einfluss nehmen zu können.* Durch das Aushängen von Wochenplänen und Tagesberichten, durch Artikel in Elternbriefen und in Tür- und Angel-Gesprächen können Erzieher/innen den Informationsbedarf befriedigen. Aber nur Angebote wie Termingespräche und Gruppenelternabende ermöglichen die Partizipation der Eltern, wie das folgende Beispiel verdeutlicht.

Beispiel: Abstimmung von Erziehungszielen und -methoden in einem Gesprächskreis

Für den Gesprächskreis „Erziehungsziele und Aufgabenverteilung zwischen Familie und Kindertageseinrichtung" müssen in der Regel zwei Abende angesetzt werden, die zeitlich nicht zu weit auseinander liegen sollten. Beim ersten Treffen wird die Frage gestellt: „Wie wünsche ich mir mein Kind mit 18 Jahren?" Die Eltern können zunächst in Kleingruppen versuchen, diese Frage zu beantworten. Beim Zusammentragen der Arbeitsgruppenergebnisse wird dann deutlich werden, dass unterschiedliche Einstellungen von den Eltern vertreten werden – und manche auch unrealistisch sind. Im nächsten Teil des Elternabends werden aus den Wunschvorstellungen der Eltern Erziehungsziele für die Kinder abgeleitet, wobei deren Entwicklungsstand, Geschlecht, Gesundheitszustand, Temperament, Lernstil, Bedürfnisse und Interessen berücksichtigt werden.

Beim zweiten Treffen wird diskutiert, ob eher die Eltern oder eher die Erzieher/innen für das Erreichen des jeweiligen Zieles, die Befriedigung der verschiedenen kindlichen Bedürfnisse oder das Erfüllen bestimmter Aufgaben verantwortlich sind – z.B. für die Beobachtung des Kindes, das Setzen von Grenzen, die Disziplinierung, die Vermittlung von Werten oder die sexuelle Aufklärung. So werden verschiedene „Zuständigkeitsbereiche", aber auch Überschneidungen derselben offensichtlich. Zum Schluss wird besprochen, mit Hilfe welcher Methoden das jeweilige Ziel in Familie und Kindertageseinrichtung erreicht werden kann. Die Erzieher/innen sollten für die

Ideen der Eltern und diese für die Ratschläge der Fachkräfte offen sein.

In einem solchen Gesprächskreis werden unterschiedliche Meinungen und Einstellungen deutlich, die – unausgesprochen – zu Konflikten zwischen Eltern und Erzieher/innen führen können. Zugleich wird offensichtlich, dass das Fachpersonal es nicht allen Eltern recht machen kann. So ist es wichtig, den Eltern immer wieder zu sagen, dass (Klein-) Kinder durchaus mit unterschiedlichen Erziehungsstilen und -methoden zurechtkommen und dies sogar für sie ein Entwicklungsanreiz sein kann – falls Eltern und Erzieher/innen einander achten, solche Unterschiede tolerieren und dies dem jeweiligen Kind gegenüber deutlich machen.

3. Ebene der Kindertageseinrichtung

Ähnliche Möglichkeiten der Mitarbeit und Mitbestimmung bestehen auch auf der institutionellen Ebene. Beispielsweise können einzelne interessierte Eltern an *der Erstellung und Fortschreibung der pädagogischen Konzeption der Kindertageseinrichtung, an der Wochen-, Monats- bzw. Jahresplanung oder an der Planung und Durchführung von Projekten, Exkursionen und Festen* beteiligt werden. Sie können an der Gestaltung der Innen- und Außenräume mitwirken und hier ihre Ideen einbringen.

Viele Chancen einer Partizipation liegen außerdem im Bereich *„Angebote von Eltern für Eltern"*: So können diese z.B. ein Elterncafé für die neuen Eltern während der Eingewöhnungszeit oder als regelmäßig stattfindender Treffpunkt für alle interessierten Eltern einrichten. Alternativ könnte auch ein Elternstammtisch angeboten werden. Ferner können Eltern eine Bücherei mit Kinder- und Bilderbüchern, Spielen und Erziehungsratgebern verwalten. Sie könnten für andere Eltern Näh-, Sprach- oder Entspannungskurse anbieten, (familienbildende) Vortragsveranstaltungen bzw. Gesprächskreise organisieren oder einmalige Freizeitangebote wie einen Grillabend, ein Fußballspiel oder einen Ausflug gestalten. Schließlich können sie einen *Förderverein* gründen und Spenden für die Kindertageseinrichtung „einwerben". Der Anstoß für solche Aktivitäten kann durchaus von den Erzieher/innen kommen; die eigentliche Arbeit müssten aber interessierte Eltern übernehmen – oder die Elternvertretung.

Beispiel: Der Elternbeirat

Laut den Kita-Gesetzen der Bundesländer muss es in jeder Kindertagesstätte ein Gremium geben, das die Rechte der Eltern vertritt. Es wird in der Regel zu Beginn des Kita-Jahres von der Elternschaft gewählt. Dieses z.B. als „Elternbeirat" bezeichnete Gremium hat aber keine echten Mitbestimmungsrechte, da dies als unvereinbar mit dem Selbstverwaltungsrecht der Träger und der pädagogischen Verantwortung der Erzieher/innen gilt. Nach Hense (2002) liegen seine Funktionen vor allem in folgenden Bereichen:

- „Recht auf Information in wichtigen Fragen der Erziehung und Bildung
- Recht auf Beratung über pädagogische Programme und Konzepte
- Förderung der Zusammenarbeit zwischen Eltern, Träger und Fachkräften
- Beratung über Angebote für die Elternbildung
- Mitwirkung bei der Aufstellung von Grundsätzen für die Aufnahme von Kindern
- Unterstützung des Trägers in organisatorischen, baulichen und personellen Angelegenheiten
- Anhörungsrecht bei der Festlegung der Öffnungszeiten..." (S. 30).

Aber auch solche Informations- und Anhörungsrechte bieten große Chancen für eine Bildungs- und Erziehungspartnerschaft, insbesondere wenn ein vertrauensvolles und kooperatives Verhältnis zwischen Elternbeirat, Kita-Leitung und Träger besteht. Elternvertreter/innen sind zumeist recht engagierte Personen, die für Erzieher/innen Kooperationspartner, Verbündete, Wegbegleiter und Kritiker (im positiven Sinne) sein können. Sie können als „Sprachrohr" der gesamten Elternschaft Einfluss auf die pädagogischen Konzepte, die Jahresplanung, die Elternarbeit, organisatorische Fragen, bauliche Veränderungen, Finanzierungs- und Personalangelegenheiten nehmen. Ferner beteiligen sie sich zumeist an der Planung und Durchführung von Festen und anderen größeren Veranstaltungen (entlastende Funktion). Gelegentlich können sie auch bei Konflikten zwischen einzelnen Eltern und Erzieher/innen vermitteln oder Wünschen des Teams an den Träger Nachdruck verleihen. Von ihnen erfahren die Fachkräfte schneller und verlässlicher als z.B. durch Befragungen, inwieweit die Elternschaft mit dem pädagogischen Angebot und der Zusammenarbeit mit den Erzieher/innen zufrieden ist oder was noch verbessert werden könnte...

4. Ebene größerer Systeme

Manche Eltern, die in der Kindertageseinrichtung besonders aktiv sind, engagieren sich auch im Gemeinwesen oder auf Landesebene. Ihre Aktivitäten können direkt mit der Tätigkeit im Elternbeirat zusammenhängen, wenn sie z.B. in *kommunale oder Landeselternvertretungen* gewählt werden. Kindertageseinrichtungen können aber auch indirekt davon profitieren, dass Eltern im *Pfarrgemeinde-, Gemeinde- bzw. Stadtrat* tätig sind und dort die Interessen von Kindern, Familien und Erzieher/innen vertreten. Ebenfalls indirekt, aber zumeist schwächer, sind die Auswirkungen, wenn Eltern in *Familienverbänden, Kinderschutzorganisationen oder Gewerkschaften* mitarbeiten. Erzieher/innen sollten Eltern auf solche Möglichkeiten der Partizipation hinweisen – und sei es nur, indem sie Adressen aushängen oder Broschüren der Verbände auslegen.

Fazit

Letztlich profitieren Kindertagesstätten von jeder Form elterlichen Engagements. Zudem werden Eltern, die viele Möglichkeiten der Partizipation nutzen (können), „automatisch" zu Fürsprechern des Kita-Teams. Sie werden die Belange der Kindertagesstätte gegenüber Träger, Kommune und Politik vertreten. Zugleich nehmen sie stärker die Bedürfnisse von (Klein-) Kindern wahr und setzen sich dementsprechend für eine kinderfreundlichere Gesellschaft ein.

116

Hemmende und förderliche Faktoren

In den letzten Jahren wurde vielerorts die *Verfügungszeit* der Erzieher/innen gekürzt bzw. mit zusätzlichen Aufgaben wie z.B. Verwaltungstätigkeiten, Qualitätssicherungsmaßnahmen, dem Anlegen von Portfolios oder der Auswertung vorgeschriebener Sprachstandserhebungen gefüllt. So bleibt immer weniger Zeit für Elterngespräche und andere Angebote der Elternarbeit.

Hinzu kommt, dass *Tür- und Angel-Gespräche*, die für den Aufbau einer Erziehungspartnerschaft so wichtig sind, *seltener zustande kommen* als früher. Dies liegt an der Flexibilisierung der Öffnungszeiten: Wird ein Kind gebracht oder abgeholt, ist oft die Gruppenerzieherin noch nicht da bzw. hat schon Dienstschluss gehabt. Oder sie arbeitet mit den bereits bzw. noch anwesenden Kindern, kann also nicht an die Tür kommen. Außerdem sind rund 60% der Fachkräfte Teilzeit erwerbstätig, können somit nur mit den (wenigen) Eltern sprechen, die während ihrer mehr oder minder kurzen Arbeitszeit Kinder bringen bzw. abholen.

Ferner arbeiten immer mehr Kindertageseinrichtungen mit *offenen Gruppen* oder haben sogar die Gruppen aufgelöst. Wenn Eltern ihr Kind bringen oder abholen, dürfte häufig die für sie zuständige Fachkraft nicht in dem jeweiligen Funktionsraum anwesend sein. Es kommt also eher selten zu Tür- und Angel-Gesprächen. Aber auch Termingespräche werden schwieriger, da sich die Erzieher/innen nur schwer ein Bild von der *gesamten* Entwicklung eines Kindes machen können: Wenn sie die meiste Zeit in einem bestimmten Funktionsraum arbeiten (z.B. im Atelier), beobachten sie das jeweilige Kind überwiegend in dieser Situation und müssen vor einem Elterngespräch erst ihre Kolleg/innen befragen, wie es sich in deren Zuständigkeitsbereichen verhält.

Neben den gerade skizzierten Faktoren gibt es eine ganze Reihe weiterer Hemmnisse für die Erziehungs- und Bildungspartnerschaft, zum Beispiel:

- Noch immer gibt es Fachkräfte, deren berufliches Selbstverständnis nahezu ausschließlich auf die pädagogische Arbeit mit Kindern beschränkt ist.

- Manche Erzieher/innen sind sich ihrer professionellen Kompetenzen nicht sicher und fühlen sich in ihrer Berufsrolle unwohl. Aus dieser Unsicherheit heraus tendieren einige dazu, ihr Spezialistentum zu stark zu betonen und die pädagogischen Qualifikationen von Eltern zu minimieren. Sie ignorieren, dass viele Eltern ein großes pädagogisches Alltagswissen besitzen und ihre Erziehungstheorien laut empirischer Untersuchungen alle Elemente wissenschaftlicher Theorien enthalten. Es ist offensichtlich, dass aus einer solchen Grundhaltung heraus Eltern nicht als gleichberechtigte und gleichwertige Erziehungspartner akzeptiert werden können.

- Insbesondere viele jüngere Erzieher/innen sind noch von ihrem Wesen her unsicher und haben Angst vor Eltern, insbesondere vor höher qualifizierten Müttern oder vor Vätern. Aus dieser Gefühlslage heraus können sie sich selbst nicht als gleichwertige Partner in die Beziehung zu Eltern einbringen.

- Weit verbreitet ist vor allem bei weiblichen Angehörigen sozialer Berufe die Grundhaltung, es allen recht machen zu wollen. Wer aber keine eigene Position hat oder bezieht, kann nicht in einen echten Dialog eintreten.

- Manche Erzieher/innen können Eltern nicht so wahrnehmen, wie sie sind. Hierfür gibt es verschiedene Gründe: Einige identifizieren sich so sehr mit dem Kind, dass ein einfühlendes Verständnis in die Situation seiner Eltern nur ansatzweise möglich ist. Bei anderen wird die Wahrnehmung von Eltern durch unbewusste Vorstellungen, innere Bilder und Übertragungen verzerrt. Problematisch ist ferner, wenn Erzieher/innen das Bild ihrer eigenen Mutter und die mit ihr gemachten Erfahrungen unbewusst auf die Beziehung zu Kita-Müttern übertragen.

- Manche Fachkräfte erleben sich bewusst oder unbewusst als die „besseren Mütter" gegenüber den ihnen anvertrauten Kindern und konkurrieren mit den leiblichen Müttern. Hier werden die Kinder in Loyalitätskonflikte gestürzt. Auch kann keine Erziehungspartnerschaft entstehen, da die jeweilige Mutter – oder der Vater – nicht als einzigartige, konkrete Person akzeptiert wird.

- Eine Erziehungspartnerschaft wird oft durch mangelndes Verständnis für die Belastungen der jeweils anderen Seite sowie durch Vorurteile bezüglich anderer Kulturen, Familienformen, Erziehungsstile und Geschlechtsrollenleitbilder erschwert. So haben manche Erzieher/innen Schwierigkeiten mit bestimmten Elterntypen, beispielsweise mit sehr kritischen Eltern, mit in Scheidung lebenden Müttern (insbesondere wenn die eigene Partnerbeziehung konflikthaft ist), mit sehr religiösen Eltern, mit Sektenangehörigen, mit Familien aus sozialen Brennpunkten oder mit Migrant/innen.
- Viele Fachkräfte haben das für eine intensive Erziehungs- und Bildungspartnerschaft notwendige Fachwissen und die benötigten Fähigkeiten nicht in Aus- und Fortbildung erwerben können. Ihnen fehlen relevante Kenntnisse aus den Bereichen Entwicklungspsychologie, Frühpädagogik, Familienforschung, Erwachsenenbildung und Sozialarbeit sowie Beobachtungskompetenzen, Techniken der Gesprächsführung und Beratung sowie Konfliktlösungsfertigkeiten.
- Oft behindern ablehnende Haltungen mancher Träger oder einzelner Kolleg/innen eine gute Zusammenarbeit.

Offensichtlich ist, dass *Hemmnisse auch auf Seiten der Eltern vorkommen können*: Manche wollen ihre Kinder in der Tagesstätte lediglich untergebracht wissen bzw. definieren diese als reine Einrichtungen für Kinder und lehnen damit Elternangebote ab. Andere akzeptieren (insbesondere jüngere) Erzieher/innen nicht als Professionelle oder sehen sie als Konkurrent/innen. Eltern aus einem sozial schwachen Milieu oder mit Migrationshintergrund haben oft Angst vor den Fachkräften, weil sie sie als Repräsentant/innen des Staates betrachten. Manche Eltern haben ganz bestimmte Erwartungen an die Kindertageseinrichtung und reagieren unwirsch, wenn diese nicht erfüllt werden, weil sie z.B. dem pädagogischen Konzept oder den Wünschen der meisten anderen Eltern widersprechen.

Erziehungspartnerschaft kann sich nur im Dialog realisieren. Als Hemmnis wird somit sowohl von Eltern als auch von Erzieher/innen

immer wieder der *Mangel an Zeit* für intensivere Gespräche ange-
führt. Ein Blick in die Praxis zeigt aber, dass einerseits viele Kindertageseinrichtungen regelmäßige Termingespräche und längere Spon-
tangespräche praktizieren und andererseits viele ansonsten (beruf-
lich) überlastete Eltern Zeit für Gespräche, Hospitationen und die
Teilnahme an Veranstaltungen finden. Das Zeitproblem scheint also
zum einen eine Frage des *Zeitmanagements* und zum anderen eine
Frage der *Grundhaltung* zu sein: Wollen Eltern und pädagogische
Fachkräfte eine Erziehungs- und Bildungspartnerschaft zum Wohle
der Kinder realisieren, so finden sie auch die Zeit dafür!

Während Erzieher/innen eine solche Grundhaltung schon in der
Ausbildung erwerben (sollten), muss sie bei manchen Eltern erst
geweckt werden. Deshalb hat es sich als sinnvoll erwiesen, wenn die
Fachkräfte *schon bei Anmeldegesprächen auf die Notwendigkeit
einer Erziehungspartnerschaft hinweisen und während der Eingewöhnungszeit intensive Kontakte einfordern.*

Eine Erziehungs- und Bildungspartnerschaft kann sich somit nur
in einem längeren Prozess entwickeln: Sowohl Eltern als auch Erzie-
her/innen müssen den Weg zueinander suchen. Wichtige Voraussetzungen für einen solchen *Prozess der Annäherung und zunehmenden
Zusammenarbeit* sind folgende Grundhaltungen (nach Textor/Blank
1996, S. 7 f.):

- *Geduld*: Weder Erzieher/innen noch Eltern werden „hurra"
  schreien und sofort ihr Verhalten ändern, wenn Erziehungspartnerschaft eingefordert wird. Nur in kleinen Schritten
  kann das Ziel erreicht werden.
- *Akzeptanz*: Eltern und Erzieher/innen müssen die Bedeutung
  von Familie und Kindertageseinrichtung für das Kind anerkennen. Beide Seiten leisten eine gute Erziehungs- und Bildungsarbeit, wenn auch auf einem unterschiedlichen Refle-
  xionsniveau. So sollten sie die pädagogischen Kompetenzen,
  das Wissen vom Kind und die Lebenserfahrung der jeweils
  anderen Seite anerkennen.
- *Toleranz*: Fachkräfte und Eltern sollten die Werte, Persön-
  lichkeitscharakteristika, Eigenheiten, Subkulturen, Bildungsziele, Erziehungsstile usw. der jeweils anderen Seite respek-

tieren. Beide Seiten müssen das Gefühl haben, von der jeweils anderen angenommen zu werden. Das bedeutet auch Zurückhaltung mit kritischen Äußerungen und Verurteilungen. Insbesondere gegenüber sozial schwachen, zugewanderten oder „schwierigen" Eltern ist Toleranz nötig.

- *Vertrauen*: Eltern und Erzieher/innen müssen einander vertrauen. Nur aus Vertrauen wächst die Bereitschaft, sich für die andere Seite zu öffnen, Einblick gewähren zu lassen, auch über Probleme und Sorgen zu sprechen.
- *Kontaktfreude*: Fachkräfte und Eltern sollten nicht warten, bis die jeweils andere Seite aktiv wird, sondern aufeinander zugehen. Dabei sind Grundformen der Höflichkeit zu beachten.
- *Dialogbereitschaft*: Nur im offenen Gespräch, im Dialog, finden Eltern und Erzieher/innen zueinander, lernen einander kennen und entwickeln Vertrauen zueinander. Beide Seiten müssen einander richtig zuhören – was gar nicht so einfach ist!
- *Offenheit für Ideen*: Erziehungs- und Bildungspartnerschaft bedeutet auch, dass man keine festgefügte Meinung hat („So hat Familienerziehung auszusehen!" – „Das ist die einzige richtige Form von Bildungsangeboten!"). Niemand hat immer Recht. Vielmehr sollten Eltern und Erzieher/innen bereit sein, neue Gedanken, Vorschläge, Gestaltungsmöglichkeiten, kritische Äußerungen usw. anzunehmen und zu reflektieren – was natürlich nicht bedeutet, dass man auch entsprechend handeln muss.
- *Veränderungsbereitschaft*: Fachkräfte und Eltern sollten in der Lage sein, in der Begegnung miteinander ihre Werte, Einstellungen, Rollenleitbilder und Erziehungsvorstellungen im Hinblick auf Familie bzw. Kindertageseinrichtung zu überdenken, Selbstkritik zu üben sowie ihr Denken und Handeln zu verändern.

Solche Grundhaltungen entwickeln sich erst in einem längeren Prozess, in dem Eltern und Erzieher/innen sich einander annähern. Rückschläge sind unvermeidbar, dürfen aber nicht zur Entmutigung führen: Eine Bildungs- und Erziehungspartnerschaft ist so sinnvoll und nützlich, dass sich die mit dem Etablieren einer engen Zusammenarbeit verbundenen Anstrengungen lohnen...

Ausblick

Als ich Mitte der 1990er Jahre den Begriff „Erziehungspartner-schaft" in die frühpädagogische Fachdiskussion einführte, gab es in westdeutschen Kindertageseinrichtungen nur wenige Plätze für unter Dreijährige und kaum Ganztagsbetreuung. Die meisten Mütter von Kleinkindern waren Hausfrauen und verfügten über genug Zeit, um Angebote für Eltern nutzen zu können. Tür- und Angel-Gespräche ergaben sich beim Bringen und Abholen der Kinder zu Beginn bzw. am Ende der festen Öffnungszeiten; Hospitationen, die Einbindung von Eltern in den pädagogischen Alltag und ihre Mitarbeit bei besonderen Projekten waren am Vormittag möglich; Eltern wirkten an Festen und Feiern mit; Termingespräche konnten nachmittags durchgeführt werden.

Im Jahr 2020 sieht die Situation ganz anders aus: Ein gutes Drittel der unter Dreijährigen und nahezu alle älteren Kleinkinder befinden sich in Tageseinrichtungen oder öffentlich geförderter Kindertagespflege; knapp die Hälfte der drei- bis sechsjährigen Kinder wird mehr als 35 Stunden pro Woche betreut. Die meisten Mütter sind (Teilzeit) erwerbstätig; viele Eltern müssen abends, an Samstagen oder an Sonn- und Feiertagen arbeiten. Sie haben somit weniger Zeit als früher, um Angebote im Rahmen der Erziehungs- und Bildungspartnerschaft zu nutzen. Zudem müssen diese mit immer mehr alternativen Freizeitbeschäftigungen konkurrieren (z.B. zunehmende Zahl von Events, mehr Fernsehkanäle, neue Medien, Online- und Konsolenspiele etc.). Deshalb haben Erzieher/innen inzwischen viele Angebote für Eltern auf den späten Nachmittag, den frühen Abend oder sogar auf das Wochenende verlegt. Auch „werben" sie mehr für ihre Veranstaltungen und versuchen, diese attraktiver zu gestalten, indem sie z.B. bei Elternabenden anstatt der früher üblichen Vorträge einen Gesprächsaustausch mit den Anwesenden anstreben oder Videoaufnahmen aus dem Kita-Alltag zeigen.

In den kommenden Jahren wird sich die Situation weiter verändern: So werden zukünftig fast alle Kinder ab dem ersten Lebensjahr eine Kindertageseinrichtung oder Tagespflegestelle ganztägig besuchen: Zum einen *wollen* immer mehr Mütter Vollzeit erwerbstätig sein, weil sich sonst ihre lange Ausbildung nicht „rechnet" und ihre

Karrierechancen geringer sind. Außerdem gefällt ihnen ihre Arbeit, können sie sich im Beruf selbst verwirklichen. Zum anderen werden Mütter und Väter Vollzeit erwerbstätig sein *müssen*: In Zukunft werden berufliche Qualifikationen so schnell veralten, dass sich Eltern höchstens noch eine „Babypause" leisten können, ohne auf Dauer den Anschluss zu verpassen. Auch werden die Lebenshaltungskosten aufgrund der bevorstehenden Energie-, Rohstoff- und Nahrungsmittelkrisen, die Steuern aufgrund der Überschuldung des Staates und die Sozialversicherungsbeiträge aufgrund der Bevölkerungsalterung stark ansteigen – in noch nicht einmal 20 Jahren werden zwei Menschen im Alter von 20 bis unter 67 Jahren für einen Senior aufkommen müssen (Statistisches Bundesamt 2019). Nur zwei Vollzeit erwerbstätige Elternteile werden so hohe Ausgaben schultern und ihrer Familie einen akzeptablen Lebensstandard gewährleisten können.

In den kommenden Jahren werden die frühkindliche Sozialisation, Erziehung und Bildung also zunehmend von Erzieher/innen übernommen werden. Die Bedeutung der Familienerziehung wird sinken, da Kleinkinder immer weniger Zeit zu Hause verbringen werden. Schon bei einer Ganztagsbetreuung von acht Stunden umfasst die Familienzeit an Werktagen je nach Alter des Kleinkindes nur noch zwischen zwei und vier Stunden – und in diese Zeit fallen der Transport zur Kindertageseinrichtung und zurück, Einkäufe auf dem Heimweg, zwei Mahlzeiten und die Körperpflege. Selbst wenn ein Einjähriges das ganze Wochenende in seiner Familie verbringt, stehen 40 Stunden in der Kindertageseinrichtung nur knapp 32 Stunden in der Familie gegenüber, wenn man rein die Zeit berücksichtigt, in der das Kind wach ist. Dieses Verhältnis verschlechtert sich zuungunsten der Familie, wenn die Betreuungszeit mehr als 40 Stunden beträgt – aber erst dann können Eltern Vollzeit erwerbstätig sein...

Etwas überspitzt gesagt: Die Kindertagesstätte wird sich von einer familien*ergänzenden* in Richtung einer familien*ersetzenden* Einrichtung weiterentwickeln, ohne natürlich jemals eine solche zu werden. Erzieher/innen werden für die Kleinkinder zu immer wichtigeren Bindungspersonen werden – was bei einigen Eltern vermutlich zu starken Konkurrenzgefühlen und Verlustängsten führen wird. Diese könnten im Einzelfall die Beziehung zwischen Fachkräften und Eltern belasten.

In Zukunft wird es Erzieher/innen schwerer fallen, in Eltern „Experten" für ihr Kind zu sehen: Wenn Eltern immer weniger Zeit mit ihrem Baby bzw. Kleinkind verbringen, werden sie nicht mehr alle seine Eigenheiten wahrnehmen, werden sie nonverbal geäußerte Bedürfnisse und psychische Prozesse öfters nicht verstehen, werden ihre pflegerischen und erzieherischen Kompetenzen häufig zu wünschen übrig lassen. Sie werden somit immer weniger in eine Bildungs- und Erziehungspartnerschaft einbringen können.

Hinzu kommt, dass viele Eltern aus ihrer Unsicherheit heraus zunehmend Erziehungsaufgaben an Erzieher/innen *delegieren* werden, weil sie glauben, dass Professionelle ihr Kind besser erziehen können als sie selbst, da sie ja nur Laien seien. Bei Gewissensbissen wird ein Blick in die Bildungspläne der Bundesländer beruhigen, zeigen sie doch, dass Erzieher/innen Kindern eine große Bandbreite von Kompetenzen vermitteln und alle Bildungsbereiche abdecken.

Vor diesem Hintergrund werden Erzieher/innen in den kommenden Jahren mit neuen Anforderungen konfrontiert werden:

- Wenn Eltern (werktags) kaum noch Zeit mit ihrem Kind verbringen, ist es wichtig, dass sie beim Abholen erfahren, was es in der Kindertageseinrichtung erlebt hat, wie es sich fühlt und was es für Entwicklungsschritte getan hat – höchstwahrscheinlich wird es ja in der Tagesstätte das erste Mal krabbeln, das erste Wort sprechen, den ersten Schritt tun und das erste Mal einen Tag lang ohne Windeln auskommen. Tür- und Angel-Gespräche werden somit immer wichtiger werden, aber auch Entwicklungsgespräche – sofern Eltern sie wahrnehmen können und Erzieher/innen so viel Verfügungszeit haben, dass sie mehrere Termingespräche im Verlauf eines Jahres führen können.
- Je länger die vereinbarte Betreuungszeit ist, umso genauer muss die Entwicklung der Eltern-Kind-Bindung beobachtet werden. Ist sie zu schwach, sollten Erzieher/innen die Eltern darauf ansprechen und sie auffordern, sich zumindest während einiger Stunden pro Woche intensiv mit ihrem Kind zu beschäftigen und dann nur für es da zu sein.

- Bei einer ganztägigen und schon im frühsten Kleinkindalter beginnenden Betreuung werden Eltern mangels Erfahrung mit ihrem Kind in ihrer Erziehung noch unsicherer sein und eher Fehler machen. So wird der Elternbildung eine größere Bedeutung zukommen: Eltern werden vermehrt Kenntnisse über die Entwicklung von Kleinkindern, über die frühkindliche Erziehung sowie über altersgemäße Beschäftigungen und Spiele benötigen. Zugleich werden sie häufiger einen Beratungsbedarf haben.

Die Zusammenarbeit zwischen Erzieher/innen und Eltern wird also in den kommenden Jahren noch wichtiger (und schwieriger!) werden, während zugleich die zeitlichen Ressourcen auf beiden Seiten knapper werden dürften. Die Anforderungen an die Fachkräfte – z.B. hinsichtlich der Gesprächsführung, der Elternbildung und -beratung, des Umgangs mit schwierigen Eltern, der Arbeit mit Familien aus sozialen Brennpunkten oder mit Migrationshintergrund, der Vernetzung und der Mitgestaltung sozialer Frühwarnsysteme – werden noch zunehmen. Deshalb benötigen Erzieher/innen eine viel bessere Ausbildung auf dem Gebiet der Elternarbeit, bedarfsgerechte Fortbildungsangebote, Teamberatung und Supervision sowie mehr Verfügungszeit.

Literatur

Baden-Württemberg. Ministerium für Kultus, Jugend und Sport: Orientierungsplan für Bildung und Erziehung für die baden-württembergischen Kindertageseinrichtungen (2011). http://www.kultusportal-bw.de/site/pbs-bw/get/documents/KULTUS.Dachmandant/KULTUS/import/pb5start/pdf/KM_KIGA_Orientierungsplan_2011.pdf (abgerufen am 04.12.2014)

Barth, K.: Die Diagnostischen Einschätzskalen (DES) zur Beurteilung des Entwicklungsstandes und der Schulfähigkeit. Handanweisung – Aufgabenteil – Auswertungs- und Einschätzbogen – Entwicklungsprofilbogen. München, Basel: Ernst Reinhardt Verlag, 7. Aufl. 2016

Bayerisches Staatsministerium für Arbeit und Sozialordnung, Familie und Frauen/Staatsinstitut für Frühpädagogik München: Der Bayerische Bildungs- und Erziehungsplan für Kinder in Tageseinrichtungen bis zur Einschulung. Berlin: Cornelsen, 5. Aufl. 2012

Bernitzke, F./Schlegel, P.: Das Handbuch der Elternarbeit. Troisdorf: Bildungsverlag EINS 2004

Bostelmann, A. (Hrsg.): Das Portfolio-Konzept für Kita und Kindergarten. Mülheim: Verlag an der Ruhr 2007

Bostelmann, A. (Hrsg.): Stufenblätter für Kita und Kindergarten. Berlin: Bananenblau 2010

Brezinka, W.: Deutsch-japanisches erziehungswissenschaftliches Kolloquium über „Erziehungspartnerschaft Elternhaus – Schule" (Tagungsbericht). Pädagogische Rundschau 1988, 42 (2), S. 221-223

Bröder, M.: Gesprächsführung in Kita und Kindergarten. Partnerschaftlich, empathisch, professionell. Freiburg, Basel, Wien: Herder 2014

Diller, A./Schelle, R.: Von der Kita zum Familienzentrum. Konzepte entwickeln – erfolgreich umsetzen. Freiburg, Basel, Wien: Herder 2013

DiNatale, L.: Developing high-quality family involvement programs in early childhood settings. Young Children 2002, 57 (5), S. 90-95

Dusolt, H.: Elternarbeit. Ein Leitfaden für den Vor- und Grundschulbereich. Weinheim, Basel: Beltz 2001

Elschenbroich, D.: Die Dinge. Expeditionen zu den Gegenständen des täglichen Lebens. München: Goldmann 2012

Freie Hansestadt Bremen. Die Senatorin für Soziales, Kinder, Jugend und Frauen: Frühkindliche Bildung in Bremen. Rahmenplan für Bildung und Erziehung im Elementarbereich. Bremen: Selbstverlag, 4. Aufl. 2017

Freie und Hansestadt Hamburg. Behörde für Arbeit, Soziales, Familie und Integration (Hrsg.): Hamburger Bildungsempfehlungen für die Bildung und Erziehung von Kindern in Tageseinrichtungen. Hamburg: Selbstverlag, 2. Aufl. 2012

Gonzales-Mena, J./Widmeyer-Eyer, D.: Säuglinge, Kleinkinder und ihre Betreuung, Erziehung und Pflege. Ein Curriculum für respektvolle Pflege und Erziehung. Freiamt: Arbor Verlag 2008

Hense, M.: In Elternmitwirkung zu investieren zahlt sich aus. Eltern die Wahrnehmung ihrer Rechte ermöglichen. Theorie und Praxis der Sozialpädagogik 2002, Heft 4, S. 28-31

Hessisches Ministerium für Soziales und Integration/Hessisches Kultusministerium (Hrsg.): Bildung von Anfang an. Bildungs- und Erziehungsplan für Kinder von 0 bis 10 Jahren in Hessen. Wiesbaden: Selbstverlag, 6. Aufl. 2014

Kiphard, E.J.: Wie weit ist ein Kind entwickelt? Eine Anleitung zur Entwicklungsüberprüfung. Dortmund: verlag modernes lernen, 13. Aufl. 2014

Koglin, U./Petermann, F./Petermann, U.: Entwicklungsbeobachtung und -dokumentation EBD 48-72 Monate. Eine Arbeitshilfe für pädagogische Fachkräfte in Kindergärten und Kindertagesstätten. Berlin, Düsseldorf: Cornelsen Verlag Scriptor, 6. Aufl. 2017

Krenz, A.: Beobachtung und Entwicklungsdokumentation im Elementarbereich. München: Olzog 2009

Laewen, H.-J./Andres, B./Hédervári-Heller, É: Ohne Eltern geht es nicht. Die Eingewöhnung von Kindern in Krippen und Tagespflegestellen. Berlin, Düsseldorf: Cornelsen Verlag Scriptor, 7. Aufl. 2012

Leu, H.R./Flämig, K./Frankenstein, Y./Koch, S./Pack, I./Schneider, K./Schweiger, M.: Bildungs- und Lerngeschichten. Bildungsprozesse in früher Kindheit beobachten, dokumentieren und unterstützen. Weimar, Berlin: verlag das netz 2007

Lindner, U.: Elternabend in Kita und Krippe mal anders! Einfach vorbereiten – professionell durchführen – lebendig gestalten. Mülheim: Verlag an der Ruhr 2010

Lindner, U.: Klare Worte finden. Elterngespräche in der Kita: professionell vorbereiten, kompetent kommunizieren, Konflikte entschärfen. Mülheim: Verlag an der Ruhr 2013

Ministerium für Bildung, Jugend und Sport des Landes Brandenburg (Hrsg.): Gemeinsamer Orientierungsrahmen für die Bildung in Kindertagesbetreuung und Grundschule. Zwei Bildungseinrichtungen in gemeinsamer Bildungsverantwortung beim Übergang vom Elementarbereich in den Primarbereich. Weimar, Berlin: verlag das netz, 2. Aufl. 2009

Ministerium für Familie, Kinder, Jugend, Kultur und Sport des Landes Nordrhein-Westfalen/Ministerium für Schule und Weiterbildung des Landes Nordrhein-Westfalen (Hrsg.): Bildungsgrundsätze für Kinder von 0 bis 10

Jahren in Kindertagesbetreuung und Schulen im Primarbereich in Nordrhein-Westfalen. Freiburg: Herder 2016

Ministerium für Soziales, Gesundheit, Familie und Gleichstellung des Landes Schleswig-Holstein (Hrsg.): Erfolgreich starten. Leitlinien zum Bildungsauftrag von Kindertageseinrichtungen. Kiel: Selbstverlag, 5. Aufl. 2012

Ministerium für Bildung, Wissenschaft und Kultur Mecklenburg-Vorpommern (Hrsg.): Bildungskonzeption für 0- bis 10-jährige Kinder in Mecklenburg-Vorpommern. Zur Arbeit in Kindertageseinrichtungen und Kindertagespflege. Schwerin: Selbstverlag 2011

Niedersächsisches Kultusministerium (Hrsg.): Orientierungsplan für Bildung und Erziehung – Gesamtausgabe. Hannover: Selbstverlag 2018

Petermann, U./Petermann, F./Koglin, U.: Entwicklungsbeobachtung und -dokumentation EBD 3-48 Monate. Eine Arbeitshilfe für pädagogische Fachkräfte in Krippen und Kindergärten. Berlin, Düsseldorf: Cornelsen Verlag Scriptor, 9. Aufl. 2017

Rheinland-Pfalz. Ministerium für Bildung: Bildungs- und Erziehungsempfehlungen für Kindertagesstätten in Rheinland-Pfalz plus Qualitätsempfehlungen. Berlin: Cornelsen, 4. Aufl. 2018

Saarland. Ministerium für Bildung, Kultur und Wissenschaft: Handreichungen für die Praxis zum Bildungsprogramm für saarländische Kindergärten. Weimar, Berlin: verlag das netz 2007

Sachsen-Anhalt. Ministerium für Arbeit und Soziales (Hrsg.): Bildung: elementar – Bildung von Anfang an. Bildungsprogramm für Kindertageseinrichtungen in Sachsen-Anhalt. Weimar, Berlin: verlag das netz 2014

Sächsisches Staatsministerium für Kultus (Hrsg.): Der Sächsische Bildungsplan – ein Leitfaden für pädagogische Fachkräfte in Krippen, Kindergärten und Horten sowie für Kindertagespflege. Weimar, Berlin: verlag das netz 2011

Schlevogt, V./Vogt, H. (Hrsg.): Wege zum Kinder- und Familienzentrum. Ein Praxisbuch. Berlin: Cornelsen Verlag Scriptor 2014

Schlösser, E.: Zusammenarbeit mit Eltern – interkulturell. Informationen und Methoden zur Kooperation mit deutschen und zugewanderten Eltern in Kindergarten, Grundschule und Familienbildung. Münster: Ökotopia Verlag 2004

Senatsverwaltung für Bildung, Jugend und Wissenschaft (Hrsg.): Berliner Bildungsprogramm für Kitas und Kindertagespflege. Weimar, Berlin: verlag das netz 2014

Shimoni, R.: Professionalization and parent involvement in early childhood education: complementary or conflicting strategies? International Journal of Early Childhood 1991, 23 (2), S. 11-20

Statistisches Bundesamt: Bevölkerung im Wandel. Annahmen und Ergebnisse der 14. koordinierten Bevölkerungsvorausberechnung. Wiesbaden: Selbstverlag 2019

Stürmer, G.: Neue Elternarbeit. Basiswissen Kita. Sonderheft der Zeitschrift „Kindergarten heute". Freiburg, Basel, Wien: Herder, 3. Aufl. 2003

Textor, M.R.: Elternarbeit: Gemeinsam für unsere Kinder aktiv. Kinderzeit 1995, 46 (1), S. 14-16

Textor, M.R.: Von der Erziehungspartnerschaft zur Bildungspartnerschaft (2002). http://www.kindergartenpaedagogik.de/798.html (abgerufen am 04.12.2014)

Textor, M.R.: Projektarbeit im Kindergarten. Planung, Durchführung, Nachbereitung. Norderstedt: Books on Demand, 2. Aufl. 2013

Textor, M.R.: Flüchtlingskinder in der Kita (2016). http://www.kinder gartenpaedagogik.de/2386.html (abgerufen am 16.11.2019)

Textor, M.R.: Elternarbeit im Kindergarten. Ziele, Formen, Methoden. Norderstedt: Books on Demand, 3. Aufl. 2018

Textor, M.R.: Verhaltensauffällige Kinder in Kindergarten und Kita. Ursachen, Prävention, Erziehung. Norderstedt: Books on Demand 2020

Textor, M.R./Blank, B.: Eltern*mit*arbeit: Auf dem Wege zur Erziehungspartnerschaft. München: Bayerisches Staatsministerium für Arbeit und Sozialordnung, Familie, Frauen und Gesundheit 1996

Thüringer Ministerium für Bildung, Jugend und Sport (Hrsg.): Thüringer Bildungsplan bis 18 Jahre. Bildungsansprüche von Kindern und Jugendlichen. Erfurt: Selbstverlag 2015

Tietze, W./Rossbach, H.-G.: Familie und familienergänzende Infrastruktur für Kinder im Vorschulalter. In: Vaskovics, L.A./Lipinski, H. (Hrsg.): Familiale Lebenswelten und Bildungsarbeit. Interdisziplinäre Bestandsaufnahme 1. Opladen: Leske + Budrich 1996, S. 227-266

Ulich, M./Mayr, T.: perik – Positive Entwicklung und Resilienz im Kindergartenalltag. Freiburg, Basel, Wien: Herder, 2. Aufl. 2006

Autor

Dr. Martin R. Textor, Jahrgang 1954, studierte Erziehungswissenschaft, Beratung und Sozialarbeit an den Universitäten Würzburg, Albany (New York) und Kapstadt. Er arbeitete 20 Jahre lang als wissenschaftlicher Angestellter am Staatsinstitut für Frühpädagogik in München. Vom November 2006 bis Dezember 2018 leitete er zusammen mit seiner Frau das nicht universitäre Institut für Pädagogik und Zukunftsforschung (IPZF) in Würzburg. Seit Januar 2019 ist er Rentner.

Martin R. Textor veröffentlichte 23 Monographien, 23 Fachbücher als (Mit-) Herausgeber, mehr als 470 Artikel in Fachzeitschriften, wissenschaftlichen Zeitschriften und (Hand-) Büchern (ohne graue Literatur), rund 300 Fachartikel im Internet sowie circa 640 Rezensionen. Ferner wirkte er an 485 Veranstaltungen – mit mehr als 24.600 Teilnehmer/innen – als Referent oder Fortbildner mit.

Gemeinsam mit Antje Bostelmann gibt Martin R. Textor „*Das Kita-Handbuch*" heraus (www.kindergartenpaedagogik.de). Ferner ist er Autor der Websites „Zukunftsorientierte Pädagogik" (www.zukunftsorientierte-paedagogik.de), „Zukunftsentwicklungen" (www.zukunftsentwicklungen.de) „Kindertagesbetreuung" (www.kindertagesbetreuung.de) sowie „Elternarbeit in Kita und Schule" (www.elternarbeit.info). Ausführliche Informationen über seine Person und seine Veröffentlichungen können auf www.ipzf.de abgerufen werden. Seine Autobiographie ist unter www.martin-textor.de zu finden.

Quellenangaben

Dieses Buch beruht auf überarbeiteten und aktualisierten Kapiteln des Autors aus dem inzwischen vergriffenen Sammelband „Erziehungs- und Bildungspartnerschaft mit Eltern. Gemeinsam Verantwortung übernehmen" (herausgegeben von M.R. Textor. Freiburg, Basel, Wien: Herder 2006), ergänzt durch Auszüge aus den Artikeln „Die ganze Welt im Kindergarten. Erziehungspartnerschaft mit MigrantInnen" (klein & groß 2006, Heft 5, S. 14-17) und „Partizipation von Eltern in Kindertageseinrichtungen" (KinderTageseinrichtungen aktuell, KiTa spezial 2005, 4, S. 37-40) sowie durch bisher nur im Internet veröffentlichte Textauszüge. Der Autor dankt den Verlagen Carl Link und Oldenbourg für die Abdruckerlaubnis.